Rolf Reinicke
BERNSTEIN – Gold des Meeres

BERNSTEIN

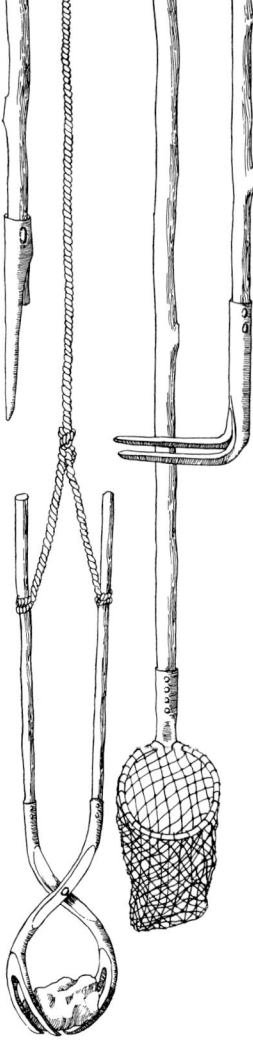

Gold des Meeres

Rolf Reinicke

HINSTORFF

Am klaren Morgen nach einer stürmischen Novembernacht liegt ein knolliger, gelbglänzender Stein am Spülsaum des breiten Sandstrandes – ein faustgroßes Stück Bernstein. Bald wird es ein glücklicher Finder entdeckt und aufgesammelt haben. Denn selbst viel kleinere Exemplare vom "Gold des Meeres" sind heiß begehrt bei den Sammlern. Zehntausende von ihnen gehen Jahr für Jahr leidenschaftlich auf Bernsteinsuche – an der Ostseeküste ebenso wie an der Nordsee. Sie alle, ob Urlauber oder Einheimische, hoffen auf einen bemerkenswerten Fund. Der allerdings ist nur wenigen vergönnt. Fast möchte man von einem Bernsteinfieber sprechen, das die Sammler erfaßt, wenn das Meer nach stürmischem Wetter dann tatsächlich einmal Bernstein in größerer Menge auf den Strand wirft.

Gibt es nun Bernstein an den Küsten aller Meere? Sicher nicht! Zwar wird auch in einigen anderen Gebieten der Erde Bernstein am Meeresstrand gefunden, doch längst nicht in solchen Mengen und nicht auf einem so großen Territorium. Die Küsten von Nord- und Ostsee sind die bernsteinreichsten überhaupt!

Den Ursprung vom hier gefundenen »Gold des Meeres« oder »Gold des Nordens« sucht man im Ostseeraum, im Gebiet des »Baltischen Meeres«, wie einige unserer Nachbarn zur Ostsee sagen. So spricht man vom Baltischen Bernstein, um ihn von den vielen anderen auf der Erde vorkommenden Bernsteinarten zu unterscheiden. Und dieser Baltische Bernstein ist stets gemeint, wenn auf den folgenden Seiten ganz allgemein von "Bernstein" die Rede ist.

Kein einziges Stück vom »Gold des Meeres« ist tatsächlich im Meer entstanden!
Dessen salziges Wasser war nicht erforderlich, um Bernstein zu bilden oder ihn zu er-
härten. Alle Bernsteinarten sind rein fest-
ländische Bildungen: Sie entstanden aus
Harz. Bernsteinharze wurden von unter-
schiedlichen Pflanzen und zu ganz verschiedenen Zeiten der jüngeren Erdgeschichte
abgesondert. Sie alle haben eine wichtige
Eigenschaft gemeinsam: Gegenüber den Ab-
sonderungen vieler anderer Pflanzen sind sie
unter günstigen Umständen über Jahrmillio-
nen hin erhaltungsfähig.

Als Harzlieferant für den Baltischen Bernstein gilt ein heute ausgestorbener Nadel-

Harzabsonderung an
einer heutigen Fichte

		Geologische Jetztzeit	0,01
QUARTÄR	*Holozän*	Umlagerung von Bernstein an den Küsten; Bernsteingewinnung durch den Menschen	
	Pleistozän	Pleistozäne Vereisungen Umlagerung von Bernstein durch Eis und Schmelzwasser in eiszeitliche Ablagerungen	1,5
TERTIÄR	*Neogen*	Pliozän	11
		Miozän Umlagerung von Bernstein durch Fließgewässer in Braunkohlensande	26
	Paläogen	Oligozän Umlagerung von Bernstein ins Meer, Entstehung der »Blauen Erde«	35
		Eozän Entstehung des »Baltischen Bernsteins« und Einlagerung in Waldboden, Moore oder Gewässer	55
		Paläozän	67

Geologische Gliederung der Erdneuzeit und Geschichte des Baltischen Bernsteins. Die Zahlenwerte geben den Beginn der Einheit in Millionen Jahren an

baum. Bäume dieser Art wuchsen in der Älteren Braunkohlenzeit, dem Alttertiär (Paläogen), vor etwa 35 bis 50 Millionen Jahren. Ihre Heimat vermutet man im südlichen Skandinavien. Ähnlich wie im mitteleuropäischen Raum, gab es dort in jener Zeit subtropische Wälder. In ihnen gedieh eine Fülle verschiedenartiger Pflanzen – von Mammutbäumen über immergrüne Eichen bis hin zu Palmfarnen, Lorbeer und Stechpalme. Neben einer Unzahl von Insekten- und anderen Kleintierarten lebten hier Riesenschlangen und Tapire, Urpferdchen und Krokodile. In den uns heute paradiesisch anmutenden Mischwäldern wuchs neben vielen anderen Nadelhölzern eben auch jener Bernsteinbaum.

Zur Absonderung von Harz kam es bei ihm, ähnlich wie an heutigen Koniferen zu beobachten, durch Verletzungen von Stamm,

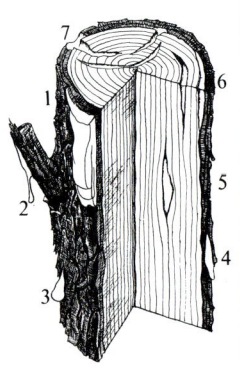

Ästen oder Zweigen. Vieles deutet darauf hin, daß die Harzabsonderung des Bernsteinbaumes wesentlich stärker und intensiver war, als man heute an heimischen Nadelbäumen feststellen kann.

Vom Kiefernharz zum Bernstein

Das Harz des Bernsteinbaumes floß wohl nicht nur reichlicher als das der Nadelbäume in unseren heutigen Forsten. Es scheint auch erheblich dünnflüssiger gewesen zu sein. Solche Vermutungen entstehen, wenn man jene nicht seltenen Bernsteinstücke betrachtet, die ganz charakteristische Absonderungsformen fließenden Harzes haben: Schlauben, Zapfen und Tropfen.

Schlauben sind flache, geschichtete und fast immer ganz klare Stücke. Sie entstanden dort, wo Harz an Stämmen oder Ästen herabströmte, mehrfach übereinanderfloß und erhärtete. Als *Zapfen* bezeichnet man kleinere, ebenfalls klare Bernsteine, die in ihrer

Form an winzige Eiszapfen oder Tropfsteine erinnern. Rasche Erstarrung des von Ästen oder Zweigen herabrinnenden Harzes führte zur Bildung dieser interessanten Formen. Man findet die grazilen Gebilde aber meist zerbrochen. Besonders auffallend sind die fast immer trüben Bernsteintropfen. Ihre Größe liegt in der Regel zwischen der eines Kirschkernes und der einer Walnuß. Größere Exemplare sind selten. Tatsächlich handelt es sich hier um erhärtete Harztropfen. Manche wurden durch den Aufprall auf den Waldboden abgeplattet.

Zur Harzabsonderung kam es beim Bernsteinbaum aber nicht nur äußerlich, sondern

Bernstein-Zapfen (das größte Stück ist etwa vier Zentimeter lang)

Bernsteintropfen, erbsengroß

Bernstein im
»Muttergestein« –
einem stark mit
Braunkohle durch-
setzten feinen Sand,
dem Rest des ur-
sprünglichen Wald-
bodens

auch zwischen Holz und Borke, in Rissen und Spalten, in Astlöchern und anderen Hohlräumen des Holzes. Hier sammelte sich manchmal getrübtes Harz in so großer Menge, daß Bernsteinstücke von mehreren Kilogramm Gewicht entstehen konnten.

Das Bernsteinharz erstarrte und erhärtete vermutlich relativ rasch durch Verdunstung leichtflüchtiger Bestandteile, Polymerisation und Oxydation. Man weiß nicht genau, wieviel Zeit verging, bis ein Harzklumpen endgültig »versteinerte«, also zu einem Bernsteinstück wurde. Vermutlich waren dazu Hundertausende von Jahren erforderlich.

Bernsteinharz wurde wahrscheinlich in unvorstellbar großen Mengen gebildet. Das lag aber nicht daran, daß die einzelnen Bernsteinbäume einen ungewöhnlich heftigen Harzfluß zeigten oder ungemein häufig waren. Ursache für die großen Harzmengen war vielmehr jener geologische Zeitraum, der für die Bernsteinbildung zur Verfügung stand. Man kann dabei durchaus mit zehn

Millionen Jahren rechnen – erdgeschichtlich gesehen, keine lange Etappe.

Innerhalb dieser Zeit konnten, rein theoretisch, auf einem »Bernsteinland« einer Größe von 200 mal 200 Kilometern (40.000 km²) etwa 4.000 Millionen Tonnen Bernstein entstehen, eine Masse von über vier Kubikkilometern. Dazu brauchten pro Jahr und Quadratkilometer nur zehn Kilogramm Bernstein gebildet zu werden! Diese Ansatzwerte sind kaum zu hoch gewählt.

Von dem tatsächlich gebildeten Bernstein blieb nur ein winziger Bruchteil erhalten. Lag er nach seiner Entstehung lange an der Erdoberfläche, so begann er zu verwittern. Nur jener Bernstein, der unter Luftabschluß kam, also im feuchten Waldboden oder am Grunde eines Gewässers lagerte, blieb unverändert.

Die jüngere geologische Geschichte des Ostseeraumes sorgte dafür, daß der Baltische Bernstein nicht nur über ein riesiges Gebiet verstreut, sondern auch relativ selten wurde.

In jenem Teil Skandinaviens, in dem der Bernstein entstand, ist heute nichts mehr von ihm zu finden. In den Gebieten, wo er einst in großer Menge im Waldboden angereichert wurde, liegen heute andere, wesentlich ältere Gesteine an der Erdoberfläche. So läßt sich mit Gewißheit sagen, daß jedes gefundene Stück Bernstein seit seiner Entstehung im Laufe der vergangenen 35 Millionen Jahre mindestens einmal, meist jedoch öfter, umgelagert wurde. Dafür sorgte das in diesem Zeitraum ungewöhnlich wechselvolle geologische Geschehen in Nord- und Mitteleuropa. Und natürlich begünstigte der Bernstein durch sein geringes spe-

Vom Schicksal des Baltischen Bernsteins

zifisches Gewicht die häufige Umlagerung im Wasser.

Bereits am Ende des Alttertiärs machte ein Teil des Bernsteins erste Bekanntschaft mit dem Meer. Dieses drang vom Westen her immer weiter auf das heutige nördliche Mitteleuropa und in das südliche Ostseegebiet vor. Wenigstens ein Teil des »Bernsteinlandes« wurde dabei ebenfalls überflutet. So gelangten erhebliche Mengen von Bernstein ins alttertiäre Flachmeer. Andere Stükke könnten durch Flüsse hineingespült worden sein. Am Grunde dieses flachen Randmeeres entstand besonders vor einigen Flußmündungen eine Ablagerung, deren Bernsteinreichtum legendär ist: die *Blaue Erde*. Bergleute prägten die nur wenig zutreffende Bezeichnung für den unverfestigten, tonigen Sand, der im feuchten Zustand eine leicht blaugrüne Färbung zeigt. Sie rührt her von kleinen Körnchen eines dunkelgrünen Eisenminerals, vom *Glaukonit*. In die-

Entstehung und Verbreitung des Baltischen Bernsteins (in Anlehnung an KATINAS 1971)
1 – Zentrum des vermutlichen Entstehungsgebietes
2 – heutige Verbreitung in Ablagerungen
3 – Küstenfunde

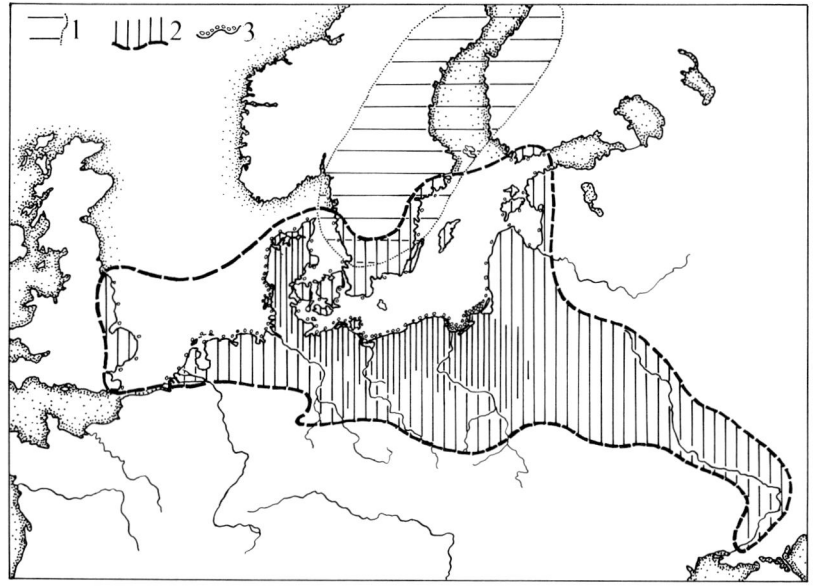

ser Blauen Erde finden sich neben Fossilien von Meerestieren (Muscheln, Seeigel, Haifischzähne u. a.) große Mengen Bernstein. An einigen Stellen enthält die Blaue Erde bis zu zwei Kilogramm Bernstein pro Kubikmeter.

Schätze aus der Blauen Erde

Reste der Blauen Erde gibt es heute nur noch an der südlichen Ostseeküste, vielleicht auch am Grunde der Ostsee selbst. Auf dem Samland, der Halbinsel zwischen Frischer Nehrung und Kurischer Nehrung, birgt sie die bedeutendste Bernsteinlagerstätte der Welt.

Ursprünglich begnügte man sich hier mit den ungemein reichen Funden am Strand und mit der Ausbeute aus der Bernsteingräberei, das heißt seiner Gewinnung aus kleinen Gruben in Strandnähe. Mitte des vergangenen Jahrhunderts begann man nur wenig landeinwärts, die etwa 30 bis 40 Meter tief liegende Blaue Erde, eine etwa sechs Meter starke Schicht, bergmännisch auszubeuten. Das geschah bis ungefähr 1920 in einem Tiefbau. Man arbeitete also beim Abbau unter Tage. Seit 1920 wird der samländische Bernstein fast ausschließlich im Tagebau mit Großgeräten gewonnen. Die geförderten Lockermassen kippt man auf große Siebe und spült sie mit einem scharfen Wasserstrahl aus. Dabei bleibt der Bernstein zurück. Bereits um 1925 wurden auf diese Weise 400 bis 500 Tonnen Bernstein pro Jahr gewonnen. Heute noch fördert Russland aus einem neu angelegten Tagebau den größten Teil des auf der Welt verarbeiteten Bernsteins. Die Vorräte sollen bis weit ins nächste Jahrtausend reichen.

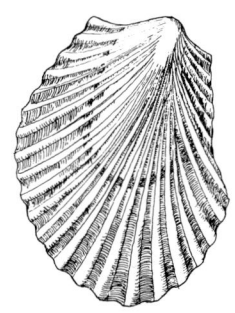

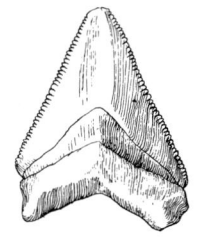

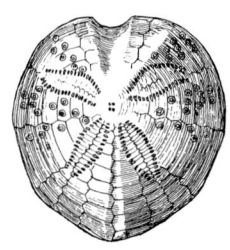

Fossilien von Meerestieren aus der Blauen Erde (Auster, Haifischzahn, Seeigel)

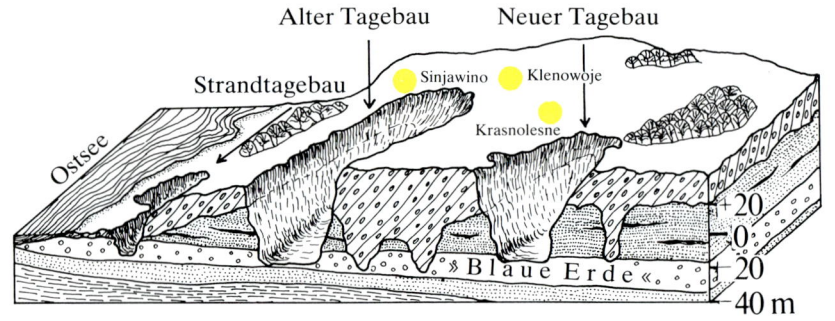

Alter Tagebau Neuer Tagebau

Strandtagebau Sinjawino Klenowoje

Krasnolesne

Ostsee

»Blaue Erde«

+20
0
-20
-40 m

Geologischer Schnitt durch
die samländische
Bernsteinlagerstätte
Palmnicken/Jantarny
(nach GURJEWITSCH und
KASANOW, 1976)

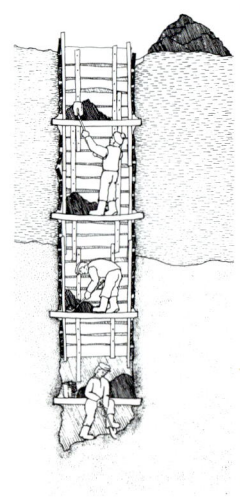

Bernsteingewinnung in
einem primitiven Schacht in
der Nähe von Danzig
(18. Jahrhundert).
Solche Schächte waren
bis zu 25 Meter tief
(nach MULICKI, 1951)

So ergiebig die samländische Lagerstätte ist, so einzigartig ist sie auch. Andere Reste der Blauen Erde an der polnischen Ostseeküste sind wirtschaftlich nicht nutzbar. Die Seltenheit dieser bernsteinführenden Ablagerung, die bei ihrer Entstehung eine wesentlich größere Verbreitung hatte, wird bei einem weiteren Blick auf die erdgeschichtliche Entwicklung verständlich: Das alttertiäre Meer, an dessen Grund die Blaue Erde entstand, wich sehr bald schon aus dem Ostseegebiet zurück. Im Jungtertiär, der Jüngeren Braunkohlenzeit, war hier Festland. Regen, Bäche und Flüsse spülten sowohl die nun an der Erdoberfläche liegende Blaue Erde als auch die weiter nördlich noch vorhandenen Waldbodenreste des »Bernsteinwaldes« mit sich fort. Dabei wurde wiederum Bernstein verfrachtet und zusammen mit feinen, hellen Sanden in Seen oder Flußniederungen des jungtertiären Festlandes abgelagert. Diese Sande enthalten – daher ihr Name – reichlich Braunkohlenreste. Bernstein ist in den Sanden oft in »Nestern« angereichert. Braunkohlensande sind gegenüber der Blauen Erde heute weiter verbreitet. Man findet sie vor allen Dingen im nördlichen Polen.

Auch in der Niederlausitz und in anderen

Braunkohlengebieten kommt in solchen Sanden über und unter den Kohleflözen ab und zu Bernstein vor.

Bernstein unterm Eis

Das für die heutige Verbreitung des Baltischen Bernsteins entscheidende erdgeschichtliche Ereignis waren die Vorstöße des pleistozänen Inlandeises – die Eiszeit. Dreimal schoben sich in den vergangenen 500.000 Jahren gewaltige Eismassen aus dem skandinavischen Raum nach Süden und bedeckten das nördliche Mitteleuropa. Einer gigantischen Planierraupe gleich, hobelten sie einen großen Teil der geologisch jüngeren, oberflächennahen Lockergesteine ab. Die letzten Waldbodenreste des »Bernsteinlandes« und ein Großteil der Blauen Erde wie auch der Braunkohlensande fielen dieser Abtragung zum Opfer. Wurden die Bernsteinstücke dabei nicht zerrieben, gelangten sie in die vom Eis oder den Schmelzwassermassen gebildeten Ablagerungen: in den Geschiebemergel, in die Schmelzwas-

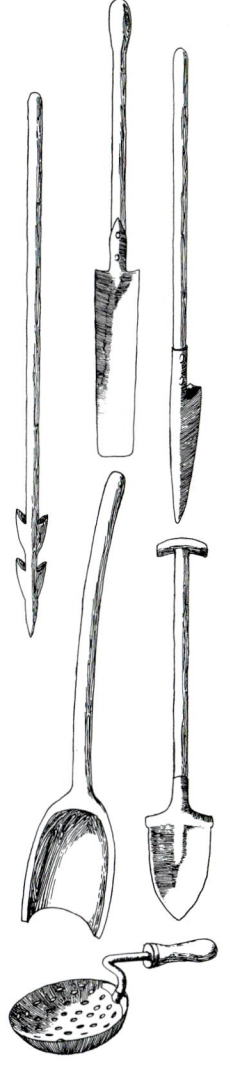

Volkstümliche Geräte zur Sondierung und Gewinnung von Bernstein aus eiszeitlichen Ablagerungen in der nordostpolnischen Region Kurpie (nach CHETNIK, 1952)

Blick in den Bernsteintagebau von Palmnicken, (heute Jantarny/Primorskoje)

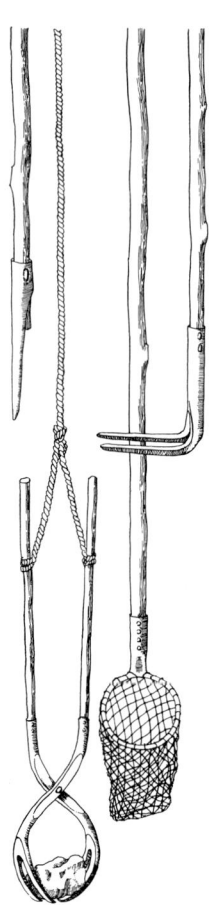

Geräte zum Bernstein-
stechen vom Boot aus
(nach MULICKI, 1951)

sersande oder in die tonig-schluffigen Sedimente der Urstromtäler. Vielfach kam der
Bernstein zusammen mit Braunkohlenresten
in die sandigen Ausfüllungen von Schmelz-
wasserrinnen und -tümpeln. Solche Ablagerungen sind von Braunkohlesanden kaum
zu unterscheiden.

Auf diese Weise wurde der Bernstein während der Eiszeit über ein großes Gebiet verstreut. Tatsächlich ist überall dort, wo es Ablagerungen des Eises oder der Schmelzwässer
gibt, prinzipiell auch Bernstein zu erwarten.
Im norddeutschen und nordpolnischen
Raum ist er verständlicherweise häufiger als
weiter südlich, zum Rand der Mittelgebirge
hin. Überall aber ist er sehr ungleichmäßig
verteilt. Während man in vielen Gegenden
nie ein Stück fand, erlebt man in anderen
immer wieder Überraschungen. Bei Sachsen-
hausen, nördlich von Berlin, fand man 1977
ein 500 Gramm schweres Stück, ein ähnlich
großes Exemplar 1984 auf einem Kartoffel-
acker bei Hagenow in Mecklenburg. In den
Kiesgruben im brandenburgischen Raum
Oranienburg – Bernau gibt es immer wieder
beachtliche Funde. Aus dem Zehrengraben
bei Osterburg in der Altmark fischt man ihn
ebenso wie aus dem Narew bei Nowogrod
nordöstlich von Warschau.

In der ersten Hälfte des vergangenen Jahrhunderts lieferte eine kleine Sandgrube nahe
Zehdenik bei Brandenburg innerhalb von
fünf Jahren über 1.000 kg Bernstein. Im
Abraum von Braunkohlentagebauen stößt
man ebenso auf ihn wie dort, wo beim Bau
von Straßen, Autobahnen oder Kanälen umfangreiche Erdmassen bewegt werden. Dabei
kann es sich um Einzelstücke handeln, aber
auch um Vorkommen bernsteinführender

Sande mit Braunkohleresten, aus denen dann manchmal größere Mengen gewinnbar sind.

Die Zahl der binnenländischen Bernsteinfundpunkte ist enorm. Über 500 davon ermittelte man allein im nördlichen Polen.

Wird ein beachtlicher Bernsteinfund im Binnenland meist mit Überraschung registriert, so ist es an der Küste von Ost- und Nordsee ganz anders: Hier erwartet man ihn. Woher aber kommt der Bernstein, den der Sammler am Strand des Meeres so eifrig sucht? Natürlich auch hier aus eiszeitlichen Ablagerungen, aus Resten von Braunkohlensanden oder – sehr selten – von Blauer Erde. Werden diese Lockergesteine bei der natürlichen Abtragung der Steilufer vom Wasser aufgearbeitet, gelangt der Bernstein ins Meer. Durch sein geringes spezifisches Gewicht, das nur wenig über dem von Salz- oder Brackwasser liegt, bleibt er bei bewegter See oft in Schwebe. So wird er nicht selten über weite Strecken parallel zur Küste transportiert. Kommt das Wasser zur Ruhe, lagert er sich am Meeresboden ab, vielfach in Buchten oder am Grunde flacher Senken. Bei Baggerarbeiten trifft man dort manchmal auf größere Bernsteinanreicherungen. Werden die Flachwasserzonen von schweren Stürmen bis auf den Grund durchbewegt, gelangt der Bernstein wieder in Schwebe. Bei auflandigem Wind, also wenn dieser ungefähr im rechten Winkel auf die Küste trifft, bringen die anstürmenden Wellen den Bernstein mit zum Strand. Hier bleibt er keinesfalls liegen, sondern wird im Spiel der Wellen hin- und hergeworfen. Erst dann, wenn die See nach dem Sturm zur Ruhe kommt und das Wasser langsam an

Bernstein am Meer

Transportkraft verliert, bleibt das eine oder andere Stück Bernstein am Spülsaum liegen. Die meisten Stücke werden wieder mit ins Meer zurückgenommen. Das geschieht, oft mit vielen Wiederholungen, fast ausschließlich an den Sandstränden unserer Flachküsten. Dort werden zusammen mit Bernstein auch solche Dinge angespült, die etwa gleiches spezifisches Gewicht und etwa gleiche Größe haben: Holz- und Braunkohlestückchen, Miesmuschelschalen, stabile Reste größerer Tange, Kiefernzapfen u. a. *Roll- oder Sprockholz* nennt man das Ganze, das nach Stürmen auffallende braunschwarze Streifen am Spülsaum des Strandes bildet. Wer Bernstein finden möchte, der sollte zuerst in diesem oft nicht besonders ansehnlichen Rollholz danach suchen. Dort, wo es besonders grob ist, findet man die größeren Exemplare. Im feineren sind die Stücke häufiger, aber kleiner. Voraussetzung dafür, daß man darin wirklich etwas findet, ist natürlich immer, der Erste »vor Ort« zu sein.

Der erfahrene Bernsteinsammler weiß, daß dieses Sprockholz nach Stürmen oder bei ablaufender Gezeitenflut nicht etwa auf der ganzen Länge der Flachküste ausgeworfen wird. Es gibt ganz bestimmte Stellen, wo es sich immer wieder anhäuft. Wer dann zum rechten Zeitpunkt (wenn das Wasser gerade beginnt, Rollholz abzulagern) am richtigen Platz ist (meist werden das Einheimische sein), der wird sicher nicht leer ausgehen. Es soll Gegenden an der Ostseeküste geben, wo man nachts mit der Taschenlampe sucht. Kommt man zu spät, so muß man sich mit der Nachlese begnügen.

Der größte Teil des bernsteinhaltigen Roll-

An vielen Stränden von Nordsee und Ostsee suchen die Urlauber nach Bernstein (Prerow/Darß)

»Bernsteinstechen« vom Boot aus (in Anlehnung an Runge, 1868)

19

Rollholz mit
Muschelschalen
und Bernstein
liegt nach Stürmen
an den Stränden
der Flachküste

Bernsteingräber (oben) und
Bernsteinfischer (unten) –
zwei ältere Darstellungen
(nach HARTMANN, 1677)

holzes bleibt nach dem Sturm nicht etwa am Strand liegen. Das Wasser nimmt es wieder mit ins Meer zurück. Meist schwimmt oder schwebt es noch einige Stunden in Strandnähe, bevor es später wieder am Grunde abgelagert wird. In dieser Situation kann man auch heute noch an manchen Stellen der Ostseeküste die »Bernsteinfischer« beobachten. Einheimische, in der Regel tatsächlich Fischer, gehen dann – mit Wathosen und Ölzeug angetan – bis ins brusttiefe Wasser hinein. Dort wird mit stabilen Keschern das Rollholz herausgefischt, an den Strand gebracht, hier ausgekippt und nach dem »Gold des Meeres« durchsucht. Diese Art der Bernsteingewinnung, die schon seit Jahrtausenden betrieben wird, scheint sich auch heute noch zu lohnen. Wer geht denn ohne zwingende Notwendigkeit nach einem Februarsturm ins eisige Ostseewasser? Das »Bernsteinstechen« vom Boot aus, bei dem man große Bernsteinstücke vom Grunde des Flachwassers mit Stangen zum Aufschwimmen brachte und herauskescherte, wird wohl kaum noch betrieben.

Daß man Bernstein, zumindest an der Ostsee, im Sommer so selten findet, liegt nicht nur daran, daß ihn dann besonders viele Leute suchen. Es fehlen auch die Stürme, die während der kälteren Jahreszeit wesentlich häufiger sind. Außerdem besitzt das winterkühle Wasser eine größere Dichte als im Sommer. Deshalb kann es den Bernstein in der kalten Jahreszeit leichter transportieren

Nennenswerte Strandfunde sind immer dort zu erwarten, wo das Meer ganz in der Nähe bernsteinreiche Ablagerungen aufarbeitet. So ist Bernstein am Strand des

Samlandes, auf der Frischen und der Kurischen Nehrung am häufigsten im ganzen
Ostseeraum. Weiter nach Nordosten hin
wird er rasch seltener. Südwestlich, also im
Gebiet der Danziger Bucht, gibt es noch
reichlich Bernstein am Strand. Aber schon
an der langen Ausgleichsküste westlich der
Halbinsel Hela nimmt seine Häufigkeit merklich ab.

Auf Wolin und Usedom, auf den Neh-
rungen der Insel Rügen (Schaabe, Schmale
Heide, Langer Strand), auf Zingst und vor
Prerow findet man ihn besonders nach schweren Stürmen aus Nordost. Auf Hiddensee,
dem Westdarß und dem Fischland bei solchen aus Nordwest. Am Ufer der Lübecker

"Moderne"
Bernsteinfischer am
Strand von
Prerow auf dem Darß

»Bernsteinland« an der
Nordsee: die Halbinsel
Skallingen, einer der fündig-
sten Bernsteinstrände
Jütlands

und Kieler Bucht, auf Fehmarn, auf den
dänischen Inseln, an der jütländischen Ost-
küste und der Küste von Schonen – im ganzen Gebiet der Beltsee und des Kattegats –
gibt es zwar Bernstein, doch seltener und
sporadischer als in den östlich davon gele-
genen Gebieten.

Anders ist es an der jütländischen Nordseeküste und an der Deutschen Bucht. Hier
sind Bernsteinfunde häufiger als an der
westlichen Ostsee. Besonders am Außen-
strand der Nordfriesischen Inseln findet
sich – sogar während der Sommersaison –
bei ablaufender Flut so manches schöne
Stück. Möglicherweise lagern auch am
Grunde der Nordsee, ähnlich wie in Nord-

jütland, braunkohlenzeitliche Sedimente mit Bernstein. Denn selbst an der englischen Nordseeküste wird Bernstein angespült.

Beim ersten Blick auf eine Kollektion Baltischen Bernsteins zweifelt man, daß die vielen Varietäten aus dem Harz einer einzigen Kiefernart entstanden sein sollen. Da gibt es ganz klare und schwach getrübte Stücke, aber auch milchige, hell- und dunkelgelbe, ja sogar rötliche oder weißliche. Und doch sind sie alle Ausscheidungen jenes Bern-

Alles Bernstein

Bei jeder ablaufenden Flut bleibt »Rollholz« mit Bernstein am jütländischen Strand zurück

steinbaumes, der während der Älteren Braun-kohlenzeit im skandinavischen Raum wuchs. Das Harz dieses Baumes hatte eine hell- bis honiggelbe Grundfarbe. Es war aber bei seiner Absonderung insgesamt mehr oder weniger stark getrübt. Die verschiedenen Bernsteinvarietäten sind vor allen Dingen auf unterschiedlich intensive Trübung der einzelnen Stücke zurückzuführen. Deren Ursache liegt in mikroskopisch kleinen Bläschen, die größtenteils mit Zellsaft (Wasser mit ätherischen Ölen) gefüllt sind. Dieser Zellsaft wurde stets zusammen mit dem Harz abgesondert. Bei den meisten Stücken blieb die Trübung erhalten.

Ein Dünnschliff von trübem Bernstein, unter dem Mikroskop betrachtet, zeigt eine wolkige Anordnung der Bläschen. Bei manchen Stücken erreichen sie die stattliche Anzahl von 900.000 pro Quadratmillimeter! Solche Stücke haben eine elfenbeinartige, weißliche Färbung. Früher gebrauchte man

Zwischen klargelb und milchigweiß: Varietäten des Baltischen Bernsteins

dafür die Handelsbezeichnung *Knochen.*

Unter *Bastard* versteht man jene durchweg getrübte gelbliche Varietät, die im Vergleich zu allen anderen die weitaus häufigste ist.

Eine nur wenig trübe, durchscheinende Abart wird als *flomiger Bernstein,* kurz *Flom,* bezeichnet. Unter Flomen versteht man im Niederdeutschen Bauch- oder Nierenfett, das geschmolzen (ausgelassen) eine ähnliche Trübung zeigt.

Klargelbe, völlig trübungsfreie Stücke sind sicher die beliebteste Spielart des Bernsteins. Sie verhalfen ihm wohl auch zu seinem Beinamen »Gold des Meeres« oder »Gold des Nordens«. An der Gesamtmasse des gefundenen Baltischen Bernsteins sind klare Steine aber nur mit etwa einem Fünftel beteiligt. Größere, einige hundert Gramm schwere Exemplare dieser Varietät gehören zu den Raritäten.

Da man mit Sicherheit annehmen kann, daß ein großer Teil des Harzes ursprünglich

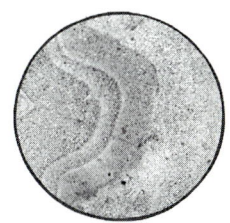

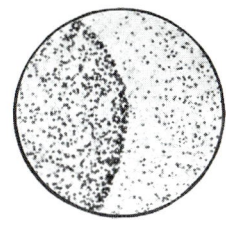

Trüber Bernstein als Dünnschliff – unter dem Mikroskop ist die Bläschenstruktur gut erkennbar, oben 20-fach, unten 150-fach vergrößert (Mirkofoto: D. KORICH)

»Bastard« – getrübter Bernstein, häufigste Spielart des Baltischen Bernsteins

Der vielbegehrte
klare Stein

Zellsafttröpfchen enthielt, also trüb war, muß klarer Bernstein aus ehemals trübem Harz entstanden sein. Eine gelinde Wärmeeinwirkung war die Voraussetzung für diesen Klärungsvorgang. Sie erreichte natürlich nur solche Stücke, die dem Sonnenlicht und damit der Wärme unmittelbar ausgesetzt waren. Tatsächlich handelt es sich bei den klaren Steinen fast ausnahmslos um Flußformen, die äußerlich am Baum entstanden sind und zwar hauptsächlich um Schlauben. So wird auch verständlich, daß man von dem am meisten geschätzten klaren Bernstein nur vergleichsweise wenige und meist nur kleinere Stücke findet. Hinzu kommt noch, daß klarer Stein spröder ist als die getrübten Varietäten. Bei Umlagerungen durch Flüsse, Eis oder im Meer zerbrach er daher wesentlich leichter. So wird der Sammler bei Strandfunden bestimmt bemerken, daß es unter den ganz kleinen Stücken viel mehr klare Exemplare gibt.

Bei eingehender Betrachtung scheint es noch andere Farben beim Baltischen Bernstein zu geben: rötliche, braune, seltener auch grüne, blaue und sogar schwarze Exemplare werden gefunden. Dabei handelt es sich jedoch nur um Verfärbungen. Klargelbe Stücke färben sich bei beginnender Verwitterung an der Oberfläche wein- bis rubinrot, trübe dagegen dunkelgelb bis rotbraun. Die scheinbar grünliche Färbung mancher Strandfunde wird durch Algen hervorgerufen, die in feine Risse eingedrungen sind. Lichtbrechungsphänomene an Sprüngen oder eingelagerter Pyrit sind Ursache für einen bläulichen Schimmer. Manche Stücke wurden durch eingeschlossene Pflanzenreste oder Staub extrem stark verunreinigt. Dadurch sind sie olivgrün bis schwärzlich gefärbt und manchmal kaum als Bernstein erkennbar.

Nur wenige Bernsteinsucher haben wohl das Glück, einmal am Strande ein größeres klares Stück Bernstein mit einer eingeschlossenen Mücke oder Fliege zu finden. Denn selbst dort, wo Bernstein relativ häufig ist, gehört ein derartiger, bereits mit bloßem Auge gut erkennbarer Einschluß zu den Raritäten. Diese Einschlüsse, man verwendet auch den lateinischen Begriff *Inklusen*, sind zweifellos das Interessanteste, was das »Gold des Meeres« zu bieten hat. Betrachtet man Inklusen mit der Lupe oder gar unter dem Mikroskop, so erscheint es kaum glaubhaft, daß sie ebenso alt sein sollen wie der Bernstein selbst – also rund 40 Millionen Jahre. Und dennoch ist es so. Die eingeschlossenen kleinen Tiere und Pflanzenteilchen sind ungewöhnlich gut erhalten.

Mücken – 40 Millionen Jahre alt

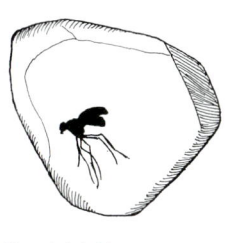

Bernsteininkluse: Langbeinfliege im Baltischen Bernstein

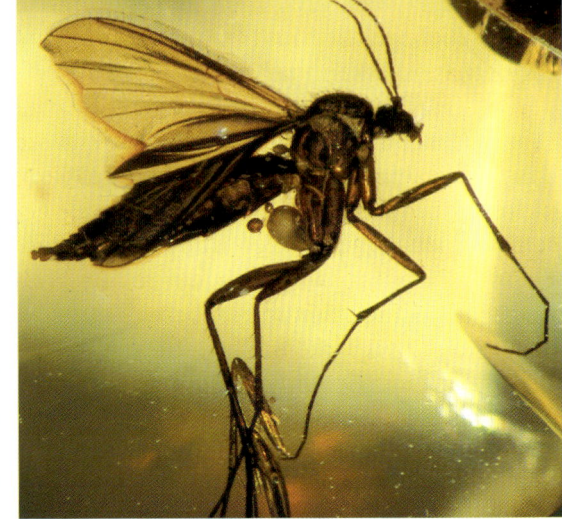

Bernsteininkluse:
Langbeinfliege
im Baltischen Bernstein

Steinfliege
(Baltischer Bernstein)

Bei manchen denkt man, es wäre ein modernes Kunstharzpräparat.

Am frischen Harzfluß heutiger Nadelbäume kann der aufmerksame Betrachter leicht die Entstehung von Einschlüssen beobachten. Kleinere Tiere, meist Insekten – am häufigsten Fliegen und Mücken – blei-

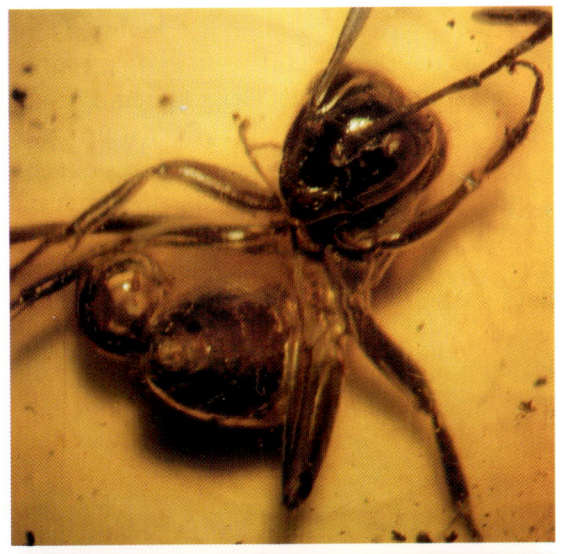

Ameise
(Baltischer Bernstein)

Trauermücke
(Baltischer Bernstein)

ben beim zufälligen Vorüberfliegen oder
Herumlaufen mit ihren Flügeln oder Bei-
nen auf der klebrigen Harzmasse hängen,
die man durchaus als »Fliegenfänger« bezeichnen könnte. Einige werden vom feucht-
glänzenden Harz angelockt. Andere Tier-
chen und kleine Pflanzenteile trägt der Wind

dorthin. Meist sorgt schon der nächste Harzfluß für die rasche und vollständige Einbettung der festklebenden Organismen. Die Genese von Inklusen im »Bernsteinwald« ging bestimmt ganz ähnlich vor sich. Bei dem starken Harzfluß der Bernsteinbäume

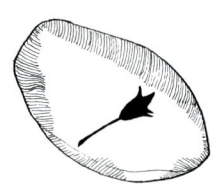

Kelchblätter
einer Blüte
(Baltischer Bernstein)

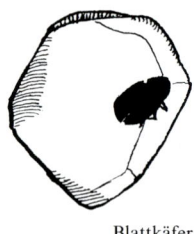

Blattkäfer
(Bitterfelder Bernstein)

waren die Chancen für die Bildung solcher natürlichen »Konserven« freilich noch größer als heute. Ebenso ist verständlich, daß Inklusen fast ausschließlich in Stücken zu finden sind, die durch Harzflüsse außen am Baum entstanden. Daher kommen sie fast

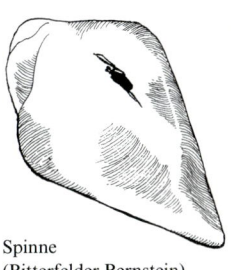

Spinne
(Bitterfelder Bernstein)

Hundertfüßler
(Bitterfelder Bernstein)

nur in den klargelben Schlauben und Zapfen vor.

Perfekte Fossilien

Die im Baltischen Bernstein eingeschlossenen Reste von Leben aus der Älteren Braunkohlenzeit kann man – wie auch die Inklusen anderer Bernsteinarten – mit gutem Recht als die perfektesten Fossilien der Erdgeschichte bezeichnen. In keinem anderen Gestein blieben Reste empfindlichster Lebewesen so gut erhalten, daß noch heute allerfeinste Einzelheiten, winzigste Härchen, ja sogar mikroskopisch kleine Details erkennbar sind. So verwundert es auch nicht, daß die im Bernstein konservierten Reste von Flora und Fauna schon seit langer Zeit beliebte Studienobjekte der Wissenschaftler darstellen. Aus Tausenden Tonnen von Bernstein – aus der Erde gefördert oder am Strand aufgelesen – sammelte man Hunderttausende von Inklusen heraus, untersuchte und bestimmte sie. Das Ergebnis ist ein umfassendes Bild der Kleintierfauna des »Bernsteinwaldes«. Die häufigsten Einschlüsse im Baltischen Bernstein sind Fliegen und Mücken verschiedenster Art. Sie sind zu über 50 Prozent an der Gesamtzahl aller gefundenen Individuen beteiligt – ähnlich wie heute in unserer heimatlichen Natur. Allerdings handelt es sich dabei nicht um Stubenfliegen oder Stechmücken, sondern meist um wesentlich kleinere Arten, z. B. um Langbein- und Steinfliegen, um Pilz- und Zuckmücken. Daneben sind andere Insekten in riesiger Artenzahl bekannt: über 450 Käfergattungen, 60 Ameisenarten, Libellen, Schaben, Heuschrecken, Blattläuse,

Zikaden ... Neben den Insekten gibt es über 200 Spinnenarten, Tausendfüßler, Asseln, Würmer und Schnecken.

Viele dieser Inklusen erwecken von außen den Eindruck, als wären sie erst kürzlich in das Harz eingebettet worden. Jedoch ihr Inneres ist hohl. Die Überbleibsel der Chitinhülle, der Gewebe und Organe bilden eine hauchdünne kohlige Schicht an den Wänden dieser Hohlräume.

Vollständige Einschlüsse größerer Tiere gibt es im Baltischen Bernstein nicht. Diese Tiere konnten sich aus der klebrigen Harzmasse befreien. So kennt man von Wirbeltieren nur Haare, Federn und die Haut von Eidechsen. Eigenartigerweise sind, obwohl der Bernstein im Wald entstand, bestimmbare pflanzliche Inklusen gegenüber den vielen Kleintiereinschlüssen eine Seltenheit. Ein Grund dafür ist sicher, daß solche Pflanzenteile ja nur durch den Wind zum Harz kommen konnten. Trotzdem kennt man inzwischen Reste von über 100 verschiedenen Blütenpflanzen aus dem Baltischen Bernstein, fast 40 Nadelgehölze, viele Gräser, Farne und Moose.

Sucht man nach heutigen Verwandten jener braunkohlenzeitlichen Tiere und Pflanzen und betrachtet die Biotope, in denen diese leben, so ergeben sich recht interessante Schlüsse. Man weiß, daß der »Bernsteinwald« ein feuchtes Mischwaldgebiet mit vielen Bächen in einem Hügel- bis Bergland war. Unsere Kenntnisse ergeben ein bis in feinste Einzelheiten differenziertes Bild dieser rund 40 Millionen Jahre zurückliegenden Zeit. Die Bernsteininklusen lieferten dazu einen ganz wesentlichen Beitrag.

Inklusen – vielbegehrte Raritäten

Solche Strandwanderer, die bei ihrer Bernsteinsuche auf eine interessante Inkluse hoffen, werden fast immer enttäuscht sein. Unter zwei- oder dreihundert Stücken hat man oft nur ein einziges mit einem makroskopisch gut erkennbaren Einschluß. Jedes Exemplar der klargelben Varietät sollte aber unbedingt mit einer starken Lupe durchgesehen werden. Auf diese Weise entdeckt man bestimmt wesentlich mehr Inklusen – nur eben sehr kleine. Manchmal läßt sich durch die Verwitterungsrinde eines Stückes der Einschluß zwar ahnen, aber doch nicht klar erkennen. Hier helfen nur der Schliff und die Politur des Steines (siehe Seite 79).

Die Seltenheit großer, schöner Inklusen, ihr hoher Preis, den sie deshalb erzielten, war in den vergangenen Jahrhunderten immer wieder Anreiz zu Fälschungen. Ein klares Stück, oft eine Schlaube, wurde in zwei Hälften geteilt. Darin schuf man durch kunstvollen Schliff eine Hohlform, legte das einzubettende Tier in diese hinein und verklebte das Ganze. Manche Fälschungen sind so perfekt hergestellt, daß sie kaum als solche erkennbar sind. Man beschränkte sich aber bei den Fälschungen nicht auf Tiere, die natürlicherweise im Bernstein eingeschlossen sind. Manchmal bettete man vollständige Eidechsen, ja sogar kleine Fische oder Frösche ein. Allein daran ist zu erkennen, daß es sich nicht um echte Inklusen handelt.

Mit einer Handvoll gelbglänzender Steine kommt ein Strandwanderer von seiner Bernsteinsuche zurück. Doch nun, da die Stücke trocken und damit stumpf werden, kommen ihm doch Zweifel: Ist das wirklich alles Bernstein? Wer dessen Eigenschaften gut kennt, wird ihn von ähnlichen Dingen sicher zu unterscheiden wissen – von abgeschliffenem gelben Glas, von abgerollten Donnerkeilen, von gelblichen Quarzen (Kieselsteinen).

Bernstein ist brennbar. Schon mit einem Streichholz kann man ihn entzünden. Er brennt mit heller, stark rußender Flamme. Sein Name rührt von dieser Eigenschaft her. Börnen ist das niederdeutsche Wort für brennen. Aus dem Börnstein wurde der Bernstein. Beim Verbrennen entsteht ein stark aromatischer Geruch. Zurück bleibt ein schwarzglänzender, widerstandsfähiger, harter Schmelzfluß. Eine praktikable Probe auf die Echtheit des Bernsteins ist das Anbrennen jedoch sicher nicht.

Bernstein ist leicht. Präziser gesagt: sein spezifisches Gewicht (Dichte) ist, verglichen mit dem anderer Gesteine, sehr gering. Es beträgt nur etwa 1,05 bis 1,1 Gramm pro Kubikzentimeter. Damit ist es nur wenig größer als das von Wasser. Mischt man viel Salz ins Leitungswasser (etwa zwei Eßlöffel Kochsalz auf 1/4 Liter), so erhält man eine Salzlösung, deren Dichte größer ist als die des Bernsteins. Er schwimmt darauf. Alles andere sinkt sofort zu Boden. Trübe Bernsteinstücke haben eine etwas geringere Dichte als klare; verwitterte Stücke eine etwas größere als unverwitterte.

Bernstein ist weich. Er läßt sich leicht mit einer Nadel ritzen. Die von manchen Bern-

Wie erkennt man Bernstein?

Bernstein brennt

Bernstein sinkt im Süßwasser (links) sofort zu Boden, schwimmt aber auf der konzentrierten Salzlösung (rechts)

steinsammlern praktizierte »Beißprobe« beruht darauf, daß man leicht erkennt, ob man auf einen sehr harten Kieselstein oder auf einen weichen Bernstein beißt. Den Zähnen dürfte diese Probe nicht guttun.

Bernstein isoliert. Er hat einen hohen elektrischen Widerstand. Daher lädt er sich beim Reiben auf Wolle oder Kunstfasern statisch auf. Größere Exemplare sind dann in der Lage, winzige Papierschnipsel anzuziehen. Diese Probe ist erfahrungsgemäß nur bedingt geeignet, die Echtheit ungeschliffener Fundstücke zu überprüfen. Bei winzigen Bröckchen, wie man sie in der Mehrzahl am Strand findet, mißlingt der Versuch. Sie sind einfach zu klein dafür.

Bernstein glänzt. Er hat eine hohe Lichtbrechung. Geschliffene Stücke und solche, die man noch feucht am Strande aufliest, zeigen daher einen auffallenden Glanz – eine markante Eigenschaft der Edelsteine. Trotzdem ist Bernstein weder ein Edel- noch ein Halbedelstein. Dazu fehlt ihm deren große Härte. Man sollte ihn als Schmuckstein bezeichnen.

Bernstein ist kein Mineral. Er ist chemisch und physikalisch keinesfalls homogen, sondern besteht aus einer Vielzahl verschiede-

40

ner Verbindungen von Kohlenstoff mit Wasserstoff, Sauerstoff (Summenformel etwa $C_{10}H_{16}O$) und ein wenig Schwefel. Im Wasser ist er absolut unlöslich. Anders ist es mit organischen Lösungsmitteln, in denen er sich bis zu einem Viertel löst. Deshalb sollte Bernsteinschmuck nie mit Benzin, Spiritus, Fleckenwasser oder Farbverdünnung in Berührung kommen!

Nur im Wasser gut aufbewahrt?

Im Wasser und in wassergesättigten Gesteinsschichten überdauert Bernstein geologische Zeiträume – Millionen von Jahren. Kommt er aber an die Luft oder lagert er in trockenen Lockergesteinen oberhalb des Grundwasserspiegels, so zeigt er schon nach einigen Jahrzehnten deutliche Anzeichen einer Veränderung. Winzige Haarrisse überziehen das ganze Stück. Die Färbung wird oberflächlich merklich dunkler. Klare Stücke werden rötlich, getrübte mehr bräunlich.

Bernstein lädt sich beim Reiben auf Stoff aus Wolle oder Kunstfasern statisch auf

Diese Erscheinungen sind die Folge der »natürlichen Alterung« des Bernsteins, einer fortschreitenden Oxydation und Polymerisation an der Luft – der Verwitterung. Geht der Prozeß weiter, so werden die Stücke langsam von außen nach innen zermürbt. Die dabei entstehende, stark rissige Verwitterungsrinde kann man zwischen den Fingerspitzen zu einem gelblichen Mehl zerreiben.

Größere Bernsteinstücke ziehen Papierschnipsel an

Da die Verwitterung nur durch völligen Luftabschluß unterbunden werden kann, bereiten die Bernsteinkunstwerke in Museen und Sammlungen den Konservatoren und Restauratoren enorme Probleme. Jahrhundertealte Kleinode der Bernsteinkunst sind durch die Verwitterung teilweise so zermürbt, daß man sie kaum berühren darf. Inzwischen wurden jedoch Möglichkeiten gefunden, wenigstens die Oberfläche solcher Kostbarkeiten durch Tränkung mit geeigneten Chemikalien zu verfestigen.

Wer hat das größte Stück?

Der Harzfluß des Bernsteinbaumes war sicher beachtlich. Die Bildung kiloschwerer Harzklumpen dürfte aber doch eher die Ausnahme als die Regel gewesen sein. So ist verständlich, wenn heute besonders große Stücke zu den echten Raritäten gehören. Funde mit einem Gewicht von 500 Gramm

Bernsteinstücke
mit Verwitterungsrinde

und mehr sind daher, selbst nach schweren Stürmen, recht selten. Ungewöhnlich große Stücke stammen fast immer aus bernsteinführenden Ablagerungen, in denen sie jedoch keinesfalls häufiger vorkommen.

Eines der größten bekannten Stücke wiegt 9.750 Gramm und ist heute in der Ausstellung des Museums für Naturkunde in Berlin zu bewundern. Es wurde 1890 bei Rarwin (in der Nähe des heutigen Kamien Pomorski) ausgegraben. Ein dänischer Hummerfischer fand 1969 vor der Küste von Bohuslän (Schweden) einen 10.478 Gramm schweren Klumpen. Davon wurde leider ein Stück abgeschlagen. Das jetzt noch knapp neun Kilo schwere Exemplar ist im "Ravhuset" (Bernsteinhaus) Kopenhagen ausgestellt.

Große Bernsteinbrocken sind immer undurchsichtig trüb *(Bastard)* und meist nicht von besonderer Schönheit. Klare Stücke die-

43

ser Dimension gibt es beim Baltischen Bernstein nicht, was durch die schon beschriebene Art und Weise seiner Bildung leicht verständlich ist.

Bernsteine auf der ganzen Erde

Der Baltische Bernstein ist nicht die einzige Bernsteinart auf der Erde. Auch alle anderen fossilen (versteinerten) Harze, die älter sind als eine Million Jahre, bezeichnet man als Bernstein. Noch vor ungefähr 60 Jahren war kaum ein Dutzend verschiedener Arten beschrieben. Inzwischen wurde die geologische Erkundung der Erdoberfläche weltweit so stark forciert, daß man laufend neue Bernsteinvorkommen entdeckte und immer noch entdeckt. Heute sind weit über 300 verschiedene Bernsteinarten von nahezu allen Erdteilen bekannt. (Die Karte zeigt nur eine kleine Auswahl der wichtigsten europäischen Arten.)

Bernsteinvorkommen findet man fast ausnahmslos in Ablagerungen, die entweder in festländischen Gewässern oder am Meeresgrunde entstanden. Viele dieser Sedimente sind noch locker, andere dagegen – harte Sandsteine und Tonschiefer – schon stark verfestigt. In ihnen kommt Bernstein oft zusammen mit Kohlestückchen vor. Nur wenige Arten werden, so wie der Baltische Bernstein, auch am Strande des Meeres gefunden.

Die ältesten bernsteinähnlichen Bildungen stammen aus dem Erdaltertum und sind rund 300 Millionen Jahre alt. Man findet sie in den Steinkohlenlagerstätten Westeuropas. Häufiger sind Bernsteine aus dem Erdmittelalter, besonders aus Jura und Kreidezeit. Die meisten Arten stammen jedoch aus dem Tertiär – der Braunkohlenzeit – also aus der Erdneuzeit.

Die Lieferanten für widerstandsfähige Harze waren, soweit sie bekannt sind, keinesfalls nur Nadelbäume. Auch ganz unterschiedliche Laubgehölze, z.B. Schmetterlingsblütler, sonderten solche Harze ab. Verwandte jener Pflanzen sind heute meist in der tropischen Klimazone beheimatet. Nicht in allen Bernsteinarten gibt es Inklusen. Gegenwärtig kennt man etwa 50 Arten mit Einschlüssen.

Von manchen Bernsteinen fand man bisher nur einige wenige Bröckchen. Viele andere kommen in größerer Menge vor, eignen sich jedoch nicht für Schmuckzwecke. Oft sind sie dafür zu spröde. Eine solche Bedeutung wie der Baltische Bernstein erreichen aber auch jene nicht, die man zu Schmuck verarbeiten kann. Keine der im folgenden erwähnten Bernsteinarten wird auch nur annähernd in so großer Menge und dabei mit so gleichbleibender Schmuckqualität gefunden.

Ausgewählte europäische Bernsteinvorkommen (ohne Baltischen Bernstein)
1 – Jütländischer Bernstein
2 – Bitterfelder Bernstein
3 – Mährischer Bernstein
4 – Ukrainischer Bernstein
5 – Bernsteinvorkommen bei Freiburg/Schweiz
6 – Rumänischer Bernstein
7 – Sizilianischer Bernstein
8 – Libanon-Bernstein

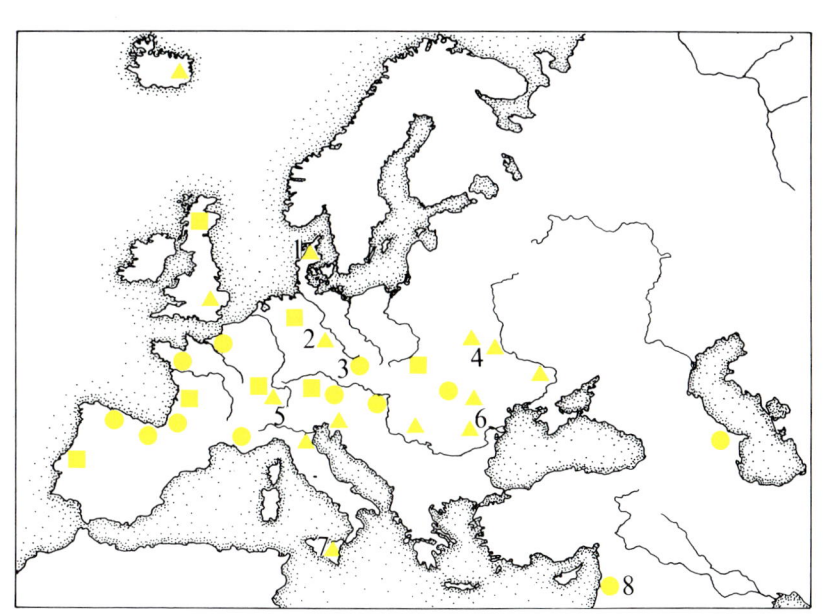

Die interessantesten Vertreter aus der "Bernsteinfamilie"

Noch im Verbreitungsgebiet des Baltischen Bernsteins liegt die erst seit etwa zwei Jahrzehnten bekannte Lagerstätte eines etwas jüngeren Bernsteins – des *Bitterfelder Bernsteins*. Man findet ihn in beachtlicher Menge in der Nähe von Bitterfeld bei Leipzig beim Abbau der Braunkohle in sandig-kohligen Ablagerungen unter den Flözen. Dieser Bernstein entstand im Jungtertiär, vor ungefähr 22 Millionen Jahren, aus dem Harz mammutbaumähnlicher Nadelbäume. Der Bitterfelder ist vom Baltischen Bernstein nur außerordentlich schwer zu unterscheiden. Er ist ihm in Schönheit und Schmuckqualität durchaus ebenbürtig. Über zehn Jahre lang wurde er im Tagebau Goitsche gezielt abgebaut. Bis zu 50 Tonnen Bernstein gewann man dort pro Jahr. Dabei entdeckte man eine große Zahl herrlicher Inklusen.

Auch die Vorkommen des *Ukrainischen Bernsteins* liegen noch im Verbreitungsgebiet des Baltischen Bernsteins. Beide sind etwa gleich alt. Jedoch unterscheiden sich die hier gefundenen Stücke durch ihre besondere Farbe – ein kräftiges Grüngelb – deutlich von ihm.

Im Vorgebirge der rumänischen Karpaten, z.B. bei Colti am Buzau, gewinnt man den Rumänischen Bernstein, wenige hundert Kilogramm im Jahr, in Stollen aus harten Sandsteinschichten. Dieser sogenannte *Rumänit* ist meist klar und erhält beim Schliff einen ganz eigenen Reiz durch feine Risse und Sprünge, die fast jedes Stück durchsetzen. Sie entstanden wahrscheinlich, als der Bernstein im Muttergestein

Bernsteinhalde
im Tagebau Goitsche
bei Bitterfeld (1986) -
zur Schmuckherstellung
ungeeigneter
Bitterfelder Bernstein

durch die Hitze und den Druck von Gebirgs-
bildungsvorgängen beansprucht wurde. Rumänischer Bernstein ist nur wenig jünger als
Baltischer Bernstein und enthält Inklusen.

Ein wesentlich höheres geologisches Alter haben die Mährischen Bernsteine. In der
Nähe von Boskovice bei Brünn wird z.B.
der als *Walchowit* bezeichnete Bernstein
gefunden – ein ausscließlich undurchsich-
tiger, wachsgelber Bernstein. Er stammt aus
der Kreidezeit und ist rund 100 Millionen
Jahre alt.

Sizilianischer Bernstein war bereits im
Altertum als Schmuckstein bekannt. Dieser
Simetit aus der Umgebung von Catania ist
nur etwa halb so alt wie der Baltische Bernstein. Die überwiegend roten Steine werden
auch am Strand des Mittelmeeres gefunden,
besonders nahe der Mündung des Flusses
Simeto, von dem man seinen Namen herleitete.

Ebenso rot gefärbt sind viele Stücke des
südostasiatischen Burma-Bernsteins *Burmit.*

47

Rumänischer Bernstein
aus dem Karpatenvorland
bei Buzau

Plaffeiit – kleine Bröckchen
von sprödem Bernstein in
hartem Sandstein aus
Plaffeien bei Freiburg/
Schweiz

Walchowit – kreidezeitlicher
Bernstein aus der Nähe von
Boskovice/Mähren

48

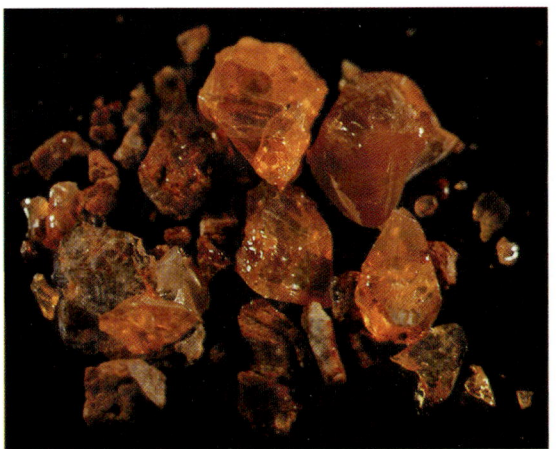

Libanon-Bernstein ist spröde, er lieferte die ältesten Inklusen

Dominikanischer Bernstein, ihn gibt es auch in einer bläulichen Varietät

Kopal, aufgesammelt an der angolanischen Küste

49

Bernsteinbär – jungsteinzeit-
liches Amulett, etwa 3500
Jahre alt (Kulturhistorisches
Museum Stralsund)

Er wird gern zu Schmuck verarbeitet. Grö
ßere Exemplare sind keine Seltenheit. Mehrere verschiedene Bernsteinarten sind aus Japan bekannt. Hier kommen auch ungewöhnlich große Stücke (über 20 kg) vor.

Erst seit kurzer Zeit kennt man den *Sarawak-Bernstein* aus dem Norden der Insel
Borneo. Dort liegen ungewöhnlich große
knollige Stücke eines gelblichbraunen, trüben Bernsteins in Massen zwischen Kohleflözen. Das größte bisher gewonnene Stück
wiegt über 50 Kilogramm – das ist "Weltrekord"! Eine Hälfte davon zeigt das Stuttgarter Museum am Löwentor.

Der *Libanon-Bernstein* hat ein Alter von
etwa 125 Millionen Jahren, stammt also aus
der Kreidezeit. Er ist spröde und daher für
Schmuckzwecke unbrauchbar. Er enthält
aber ausgezeichnete Einschlüsse aus einer
Zeit rund 80 Millionen Jahre vor der Bildung des Baltischen Bernsteins – die ältesten
Inklusen. Berühmt wurde eine in ihm gefundene Vogelfeder – erdgeschichtlich nur wenig
jünger als der Urvogel Archaeopteryx. Der
Libanon-Bernstein ist wahrscheinlich eine
Absonderung von Araukarien.

Auf der Insel Haiti gewinnt man den *Dominikanischen Bernstein*. Er entstand vor 35
Millionen Jahren aus dem Harz baumartiger Leguminosen (Schmetterlingsblütler).
Er liefert nicht nur herrliche Schmucksteine, sondern auch die spektakulärsten Inklusen. Der Anteil großer klargelber Stücke
mit Einschlüssen ist bei ihm außergewöhnlich groß. In manchen faustgroßen Stücken
sind bis zu 2.000 winzige Ameisen oder
1.000 kleine Fliegen eingebettet. Eine Libelle mit sechs Zentimeter Flügelspannweite hält den Größenrekord aller im Bern-

stein eingeschlossenen Insekten. Selbst kleine Frösche und winzige Leguane wurden gefunden. Ein Teil des äußerst beliebten (und teuren) Dominikanischen Bernsteins erscheint bei auffallendem Licht blau gefärbt, im Durchlicht jedoch normal gelb.

Auf dem afrikanischen Kontinent fand man bisher kaum Bernstein. Dafür aber jene jüngeren, bernsteinartigen Harze tropischer Laubbäume, die man als *Kopal* bezeichnet. Sie sind weicher, weniger widerstandsfähig und lassen sich schlechter bearbeiten. Man findet sie an manchen Stellen sogar am Strand, beispielsweise an der angolanischen Atlantikküste.

Die gründliche Untersuchung der verschiedenartigen Bernsteine und Inklusen, wie sie heute an geologischen Instituten und Museen betrieben wird, trägt dazu bei, unsere Kenntnisse vom festländischen Leben in der jüngeren Erdgeschichte zu erweitern und abzurunden.

Es ist nur allzu verständlich, wenn unsere steinzeitlichen Vorfahren im Nord- und Ostseeraum ihr eben erwachendes Schmuckbedürfnis zuerst mit jenen glänzenden Steinen befriedigten, die sie in großer Menge unmittelbar am Ufer des Meeres fanden. Sie merkten sehr rasch, daß dieses »Gold des Meeres« leicht zu bearbeiten war. So entstanden Bernsteinperlen, -prismen und -kugeln. Man schnitzte kleine Menschen- und Tierfigürchen, die vermutlich kultische Bedeutung hatten. In den Küstengebieten von Ost- und Nordsee findet man steinzeitlichen Bernsteinschmuck besonders oft, und zwar hauptsächlich als Beigaben in den Großsteingräbern. Selten aber sind regelrechte

Seit Jahrtausenden beliebt

Schatulle von CHRISTIAN MAUCHER – Danzig, Ende 17. Jahrhundert (Museum Maienburg)

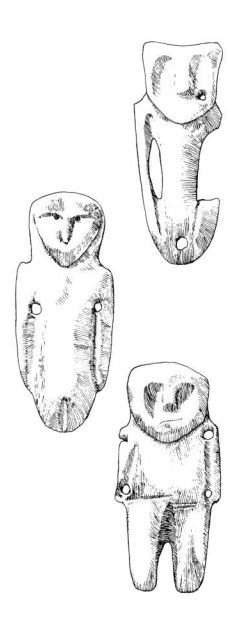

»Bernsteinschätze«, wie der von Skive am Limfjord in Jütland (Skive-Museum). Er besteht aus 13.000 Einzelstücken!

Während die meisten dieser 4.000 bis 5.000 Jahre alten Fundstücke stark zermürbt sind, bleiben solche, die im Moor oder am Grunde von Gewässern lagerten, fast unverändert. In einem hinterpommerschen Moor wurde im vergangenen Jahrhundert ein solches, besonders kunstvoll gearbeitetes steinzeitliches Amulett gefunden: ein handlanger Bernsteinbär (Kulturhistorisches Museum Stralsund). Aus dem Kurischen Haff barg man Ende des vergangenen Jahrhunderts beim Baggern nach Bernstein ebenso wohlerhaltene wie originell geschnitzte Figürchen (Geologische Sammlung der Universität Göttingen).

Von der Steinzeit an kann man den Weg des Bernsteins lückenlos durch die gesamte Kulturgeschichte verfolgen. Als Schmuck, im Kunsthandwerk, als Mittel in der Volksheilkunde und nicht zuletzt als Handelsobjekt war er zu jeder Zeit gesucht.

Schon vor 3.000 Jahren besaß er eine so weite Verbreitung, daß man bronzezeitliche Bernsteingegenstände an zahlreichen Stellen im mitteleuropäischen Binnenland, ja sogar in Südeuropa fand. Bereits damals war Bernstein also Tausch- und Handelsobjekt. Der größte Teil stammte aus dem Nordseeküstengebiet, wo er sicher ausschließlich bei der Strandlese gewonnen wurde. Noch während der Römischen Kaiserzeit, in der Bernstein sehr stark in Mode kam, sprach man von den »Bernsteininseln« (Glessariae). Gemeint sind die friesischen Inseln, als damals wichtigstes Liefergebiet. Als der Bernstein in jenem Teil der Nordseeküste allmählich knapp wurde, erschloß man noch während der Römerzeit die überaus reichen Bernsteinvorkommen östlich der Weichsel. Der Verlauf der alten Handelswege, der Bernsteinstraßen, auf denen damals der Bernstein aus dem Ostseeraum nach Rom gelangte, ist heute noch zu ermitteln.

In Rom selbst erfreute sich das »Gold des Meeres«, vor allen Dingen im ersten Jahrhundert unserer Zeitrechnung, ungewöhnlich großer Beliebtheit. Unter Neros Regierung wurde eine kleine Bernsteinfigur höher bezahlt als ein Sklave. Römische Funde zeugen von künstlerischer Perfektion der Bernsteinbearbeitung. Es ist überliefert, daß bei manchen Gladiatorenkämpfen die Waffen und das Interieur der Arena bernsteingeschmückt waren. Mit den Römern kam auch der Bernstein in viele Länder rings um das Mittelmeer. Aber nicht alle Funde aus dieser Zeit müssen aus Baltischem Bernstein gefertigt sein – der Sizilianische war damals bestimmt schon bekannt.

In den Küstengebieten von Nord- und Ostsee blieb Bernstein in der Ära des Römischen Imperiums und bis ins frühe Mittelalter hinein ein für jedermann wohlfeiler Schmuckstein. Sowohl bei germanischen, häufiger aber noch bei den slawischen Stämmen war er in Gebrauch. Jeder durfte am Strande sammeln – wo und wieviel er wollte. Bernstein war stets Eigentum des Finders. Die Slawen an der südlichen Ostseeküste fertigten aus ihm Spinnwirtel, Perlen und kleine Amulette. Solche im 9. bis 11. Jahrhundert entstandenen Gegenstände wurden u.a. bei den Grabungen in Wollin und Ralswiek/Rügen gefunden.

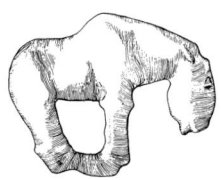

Steinzeitliche Bernsteinamulette von verschiedenen Fundorten an der südlichen Ostseeküste
(auch auf S. 54)

»Bernsteinregal«
und Bernsteindreherzünfte

Mit der Herausbildung der Feudalstaaten wurde im 12./13.Jahrhundert der am Strand gefundene Bernstein fast überall zum uneingeschränkten Eigentum des Landesherrn erklärt. Der Deutsche Ritterorden, seit 1226 im Besitz der reichsten Bernsteinvorkommen, erließ das *Bernsteinregal* (Regal im Sinne einer Regelung, Anordnung). Darin wurde dieser Besitzanspruch bekräftigt, und harte Strafen erwarteten jeden, der einen Fund nicht ablieferte. Über Jahrhunderte lastete auf den Bewohnern der Küstenorte des Samlandes die schwere Fron des Bernsteinsammelns für den Orden. Wer das Sammeln heimlich betrieb und den Bernstein unterschlug, dem drohte hier im Mittelalter der Galgen. Es ist verbürgt, daß der samländische Vogt VON LOOSENSTEIN jeden, den er bei unbefugter Bernsteinlese antraf, augenblicklich am nächsten Baum aufhängen ließ. Der Strand des Samlandes durfte von Einheimischen nur bei Tage und von Fremden überhaupt nicht betreten werden. Die Verarbeitung von Bernstein war im Ordensstaat lange Zeit verboten, denn man befürchtete einen allzu leichten Absatz unterschlagener Funde. Schließlich brachte der Handel mit Rohbernstein dem Orden einen beachtlichen Teil seiner Einnahmen. Daher entstanden die wichtigsten Bernsteinmanufakturen – die Zünfte der Bernsteindreher – zuerst weit entfernt von den Fundplätzen: in Brügge (1302) und Lübeck (1310), erst viel später auch in Danzig (1477) und Königsberg (1641).

Das hohe Mittelalter war die Zeit der

Rosenkränze, der »Paternoster«. Bernstein wurde fast ausschließlich zu solchen Gebetsperlenketten verarbeitet. Man nannte die Bernsteindreher aus diesem Grunde auch *Paternostermacher*. Aus dem 13. bis 15. Jahrhundert sind nur wenige andere Bernsteinarbeiten erhalten. Als das Ordensgebiet und damit das Samland im 17. Jahrhundert unter preußische Oberhoheit kam, fand das Bernsteinregal weiterhin Anwen-

Sechseckige Schraubflasche aus Bernstein mit Elfenbeineinlagen – Danzig, um 1680 (Staatliche Kunstsammlungen Dresden, Grünes Gewölbe)

dung – in ähnlicher Form bis hinein ins 19. Jahrhundert. Zwar waren nun die Strafen bei Unterschlagungen nicht mehr so drastisch wie vorher, doch die Ablieferung aller Funde (auch die Ausbeute aus der Bernsteingräberei, -fischerei und -taucherei), gegen geringes Entgelt an den Staat oder den Pächter, blieb Gesetz.

Die Bernsteingewinnung auf dem Samland und in anderen Küstengebieten Preußens wurde gegen Entrichtung hoher Gebühren zeitweise an Privatpersonen verpachtet. Die im Vergleich mit Ostpreußen wesentlich weniger bedeutende Strandlese auf dem Fischland und dem Darß war beispielsweise durch Vertrag von 1843 gegen ein jährliches Pachtgeld von sechs Reichstalern an einen »Arbeitsmann« MÖLLER aus Prerow vergeben. In anderen Küstenländern kannte man ähnliche Regelungen für den vom Meer angespülten oder aus dem Meer gefischten Bernstein. JACOB HANSEN, Bernsteindreher aus Kopenhagen, erhielt 1626 vom dänischen Prinzen CHRISTIAN V. die Bewilligung, allen Bernstein von den Küsten Dänemarks

Kleine Schatulle – Danzig, 17./18. Jahrhundert (Museum der Marienburg)

58

aufsammeln zu lassen. Lange Zeit waren die jütländischen Strandvögte u.a. auch mit der Bernsteinlese betraut. Bei dessen Verkauf erhielten sie die Hälfte des Erlöses; die andere Hälfte floß in die königliche Staatskasse.

Blütezeit der Bernsteinkunst

Im 16. und 17. Jahrhundert erreichte die Bernsteinverarbeitung ihren künstlerischen Höhepunkt. Das wachsende Repräsentationsbedürfnis an den Höfen verlangte nach immer neuen Bernsteinarbeiten. In den namhaften Manufakturen, besonders in Danzig und Königsberg, entstanden kostbare Kunstwerke aus Bernstein. Zusammen mit Edelhölzern, Edelmetallen und Elfenbein verarbeitete man ihn zu Bechern, Humpen, Kannen, Pokalen, Schraubflaschen, Leuchtern, Schatullen und Schachfiguren. Bernsteinschnitzereien höchster Perfektion – Reliefs und kleine vollplastische Figuren oder Fi-

Bernsteindrechsler in der Region Kurpie/Nordostpolen
(nach einem Foto von CHETNIK)

59

gurengruppen – wurden geschaffen. Größere Gegenstände, wie Bernsteinschränke, Reliquienschreine und kleine Altäre, inkrustierte man, d.h. man klebte den Bernstein auf einen Holzkern. Kunstwerke dieser Art sind heute die Zierde vieler Museen in Europa.

Das bekannteste und zugleich größte Bernsteinkunstwerk überhaupt, das legendäre Bernsteinzimmer des Preußenkönigs Friedrich I., ist heute verschollen. Es entstand 1701 bis 1713 unter maßgeblicher Beteiligung Danziger Bernsteinmeister im Schloß Charlottenburg in Berlin. Schon 1716 machte es Friedrich Wilhelm I. dem russischen Zaren Peter I. bei dessen Besuch in der preußischen Hauptstadt zum Geschenk. Es

Leuchter – Danzig, 2. Hälfte des 17. Jahrhunderts (Museum der Marienburg)

60

wurde daraufhin nach Petersburg transportiert und um 1760 im Schloß Zarskoje Selo (heute Schloß Puschkin) eingebaut. Die über zehn Meter langen und fünf Meter hohen Wände waren vollständig mit geschliffenen Bernsteinstückchen inkrustiert. Dazu kam eine üppige barocke Ausstattung: Ornamente und Reliefs, Rahmen und Gesimse, verschiedene Figuren und Leuchter, Vitrinen mit Bernsteingegenständen.

Im zweiten Weltkrieg demontierten die Deutschen das Bernsteinzimmer, brachten es nach Königsberg und lagerten es im Schloß ein. Bei dessen Brand wurde es 1945, nach glaubwürdigen Berichten, ein Opfer der Flammen. Andere Darstellungen, so von sei-

Detail vom neuen Bersteinzimmer (Bernsteinmuseum Kaliningrad)

ner angeblichen Deponie in einem später ge-
fluteten Kalischacht in Niedersachsen, sind
völlig unbewiesen. Heute entsteht in Petersburg nach alten Plänen ein neues Bernsteinzimmer. Die Arbeiten gehen sehr langsam
voran.

Auch während in den Manufakturen die
prächtigsten Kunstwerke entstanden, blieb
Bernstein beim einfachen Volke unverändert beliebt. Er war eben der billigste
Schmuckstein. Man konnte ihn mit ein-
fachsten Geräten bearbeiten. Leider sind
nur wenige Zeugnisse dieser Volkskunst,
wie man sie von Beschreibungen her kennt,
erhalten geblieben. Dazu zählen die statt-
lichen Bernsteinketten aus großen, klaren,
oft mit Facettenschliff versehenen Steinen.
Sie wurden noch in diesem Jahrhundert als
Bückeburger Brautketten in Westfalen zur
Tracht getragen. Ähnliche "Hochzeitsket-
ten" gibt es in der Kurpie-Region Nordost-
polens. Man trug sie auch deshalb so gern,
weil nach altem Volksglauben Bernstein vor
Unfruchtbarkeit schützt.

Bernstein im 20. Jahrhundert

Gegen Ende des vergangenen Jahrhunderts
wuchs die allgemeine Nachfrage nach Bernstein. So begann man in den Manufaktur-
betrieben mit der Massenfertigung einfachen Bernsteinschmuckes, kleiner Anden-
ken und sogenannter Raucherutensilien: Zi-
garettenspitzen, Zigarren und Pfeifen-
mundstücke. Diese Tendenz verstärkte sich
in unserem Jahrhundert. Mit zunehmender
Vervollkommnung der Bearbeitungstechno-
logie verschwanden fast alle harmonischen
Kombinationen mit anderen Materialien und
damit die ursprüngliche Vielfalt der Bern-
steinprodukte. Als ein nunmehr der Mode

stark unterworfenes Material schwankt beim Bernsteinschmuck die Nachfrage ganz erheblich.

Erst in jüngster Zeit wandten sich die Schmuckgestalter wieder intensiver dem »Gold des Meeres« zu. In den vielfach aus früheren Manufakturen hervorgegangenen bernsteinverarbeitenden Betrieben in Kaliningrad, Gdansk, Ribnitz-Damgarten, Kopenhagen, Lübeck, Bremen oder Stuttgart fertigt man daher heute nicht nur zentnerweise gediegene Massenware. Wie in den Ateliers mancher Kunsthandwerker entstehen auch hier geschmackvolle Unikate, die durch individuellen Schliff und besondere

Litauischer Bernsteinschmuck von heute (Bernsteinmuseum Ribnitz-Damgarten)

Fassung die ganze Schönheit eines Bernsteinstückes zur Geltung bringen.

Beim Besuch eines solchen bernsteinverarbeitenden Betriebes zeigt ein Blick in die Produktionsräume, daß der Begriff »Manufaktur« durchaus noch seine Berechtigung hat. Noch immer ist bei der Fertigung von Bernsteinschmuck vor allen Dingen Handarbeit erforderlich. Schon die große Anzahl von Mitarbeitern macht das deutlich. Zwar gibt es heute für viele Arbeitsgänge moderne Maschinen. Eine automatisierte Herstellung von Schmuck mit individueller Note, die man oft wünscht, ist jedoch kaum denkbar. Massenware wird heute meist in den Billiglohnländern gefertigt.

In den Manufakturen wird der eingehende Rohbernstein nach Größe, Qualität und Eignung für bestimmte Schmuckstücke sortiert. Mit scharfer Klinge entrindet man ihn manuell – entfernt also die Verwitterungskruste. Größere Brocken werden, je nach späterer Verwendung, vorsichtig mit der Bandsäge zerteilt. Besonders ansehnliche Exemplare ergeben meist Steine für Anhänger, Armbänder oder Broschen. Kleinere werden zu den massenweise benötigten »Kettensteinen«. Der Schliff erfolgt auf senkrecht angebrachten Scheiben, die mit hoher Drehzahl laufen und mit Schleifpapier belegt sind. Den dabei unweigerlich entstehenden mehlfeinen Schleifstaub saugen Exhaustoren ab. Poliert wird mit Poliermasse – ebenfalls auf rotierenden Scheiben, die einen filzartigen Belag haben. Kleinstückiger Bernstein kann »getrommelt« werden. Er bleibt dazu längere Zeit zusammen mit Hartholzstückchen, Poliermitteln u. a. in einem sich beständig drehenden, faßartigen Behältnis. Heraus kommen gerundete, fertig polierte Steine. Durch vorherigen Schliff kann man ihre spätere Form beeinflussen. Die bearbeiteten Stücke erhalten in der Regel eine Bohrung, andere eine Öse oder Edelmetallfassung.

Damit sind jedoch die Möglichkeiten der Bernsteinbearbeitung bei weitem nicht erschöpft. Um den Bedarf an klaren Stücken zu decken, wird Bernstein vielfach künstlich geklärt. Dazu erhitzte man ihn früher im Pflanzenölbad (Klarkochen). Heute geschieht das Klären in Autoklaven. So behandelte Stücke zeigen im Inneren meist feine blättchen- oder muschelförmige Sprünge, die manchmal an Inklusen erinnern.

Ketten aus geschliffenem Bernstein – Massenware des 20. Jahrhunderts

Bau eines Schiffsmodelles aus Bernstein: kleine Plättchen werden zum Segel. Bernstein-Drechslermeister HORST FROESE (Ribnitz-Damgarten)

Schöne Einzelstücke fertigt der Bernstein-Kunsthandwerker LEIF BROST (Kämpinge/Schweden)

»Sonnenflinten« sagte man früher zu diesen künstlich erzeugten, irisierenden »Blitzern«. Neben dem Klären kennt man auch Methoden, den Bernstein zu färben.

Etwas gelingt bei Bernstein nicht: Man kann nicht aus vielen kleinen Stückchen oder aus Verarbeitungsabfall durch einfaches Verschmelzen größere Brocken bekommen. Eine geeignete, aber sehr komplizierte Technologie zur Herstellung von *Preßbernstein* ist schon über 100 Jahre bekannt. In Königsberg wurden um die Jahrhundertwende jährlich etwa 25 Tonnen davon produziert. Die Anforderungen an das Rohmaterial sind aber sehr hoch, dessen Vorbereitung und der Preßvorgang sehr aufwendig.

Heute pflegt man in einigen Bernsteinbetrieben noch alte handwerkliche Traditionen. So entstehen außer Schmuck jetzt auch wieder größere, repräsentative Bernsteinarbeiten: Leuchter, Schalen, Schmuckkästchen, ja sogar ganze Schiffsmodelle.

Nur ein Schmuckstein?

Schon sehr früh bemerkte der Mensch die Brennbarkeit des Bernsteins und jenen aromatisch-brenzligen Geruch, der beim Verbrennen entsteht. Diese für einen Stein ganz ungewöhnliche Eigenschaft ließ ihn bald zum hervorragenden Objekt der Magie und der Volksheilkunde werden. Im Mittelalter verbrauchte man für diese Zwecke größere Mengen als für seine handwerkliche Verarbeitung. Bernstein war über zwei Jahrtausende lang als Räucherwerk, meist in pulverisierter Form, ungemein beliebt. Der Bernsteinrauch sollte Krankheiten heilen, vor bösem Zauber schützen, Dämonen, He-

Schiffsmodell – meterlang
und ganz aus Bernstein
gefertigt

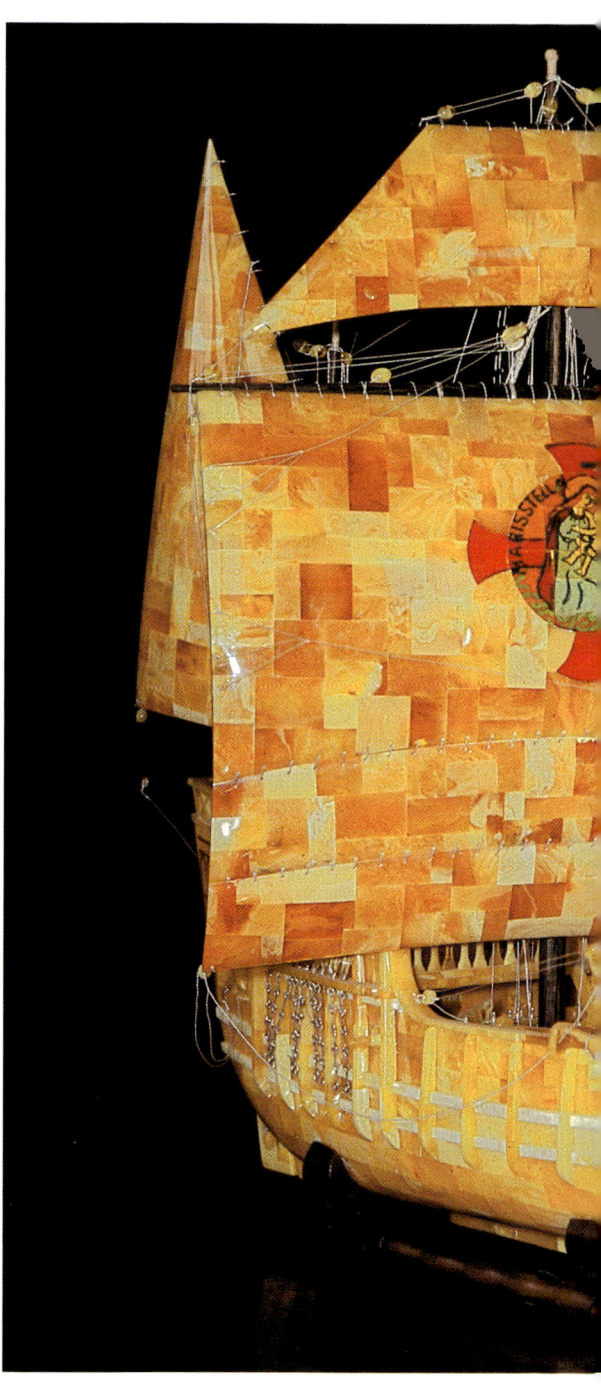

xen und Trolle vertreiben. Bernsteinpulver und alkoholische Auszüge wurden – bis ins 18. Jahrhundert hinein – gegen unglaublich viele Leiden prophylaktisch oder therapeutisch, innerlich oder äußerlich verordnet, so gegen Krämpfe und Schlafsucht, Pest, Typhus und Gicht, Schlagfluß und Blähungen, Hysterie und Koliken... Noch heute verwendet man in ländlichen Gegenden Polens Bernsteinpulver als Packung gegen rheumatische Gelenkschmerzen. Die mittelalterlichen Alchimisten gewannen das »Bernsteinsalz«, dessen bestialischer Gestank beim Räuchern die Ratten vertrieb.

Auch in heutiger Zeit wird nicht aller Bernstein zu Schmuck verarbeitet. So verwendete man zwischen 1900 und 1930 von dem gewonnenen samländischen Bernstein (bis zu 500 Tonnen jährlich) nur etwa ein Viertel für diesen Zweck. Die Hauptmasse, also alle kleineren und verunreinigten Stücke sowie Verarbeitungsabfälle wurden einer »Trockendestillation«, ähnlich der Kohleverflüssigung, unterzogen. Dabei kann man vor allen Dingen Bernsteinkolophonium gewinnen, ein Ausgangsprodukt für Bernsteinfirnis und -lack. Dieser Bernsteinlack ist in mancher Hinsicht sogar Kunstharzlacken überlegen. Andere Erzeugnisse aus Bernstein, wie Isoliermittel und Laborgeräte, sind dagegen schon längst durch wesentlich billigere Produkte aus Kunststoffen verdrängt worden.

Wo kann man Bernstein sehen?

Kostbarkeiten aus Bernstein wurden, so wie viele andere Kunstwerke auch, zuerst in den fürstlichen Schatzkammern angehäuft. Später entstanden in den naturkundlichen und kulturhistorischen Museen umfangreiche Bern-

Bernsteinkrone – Decken-
gehänge aus ungewöhnlich
großen Perlen in der Bernsteinausstellung des
Museums
der Kurpie-Region in
Lomza/Nordostpolen

steinsammlungen mit Raritäten, Inklusen und archäologischen Funden. Aus diesen Sammlungen stammen hauptsächlich die Stücke für heutige Bernsteinausstellungen und Spezialmuseen.

Mit seinen vielen Exponaten ist das Bernsteinmuseum im Schloß des litauischen Ostseebades Palanga eines der größten seiner Art. In jedem Sommer drängen sich hier die Touristen vor den Vitrinen mit den kiloschweren Strandfunden, den seltenen Inklusen und den gediegenen Arbeiten litauischer Kunsthandwerker. Im Bernsteinmuseum Kaliningrad wird neben Funden aus dem Tagebau der benachbarten Bernsteinlagerstätte Palmnicken/Jantarny eine umfassende Musterkollektion des dortigen Bernsteinkombinates gezeigt. Mit der Ausstellung »Die Geschichte des Bernsteins« schuf man im Museum der Marienburg (Malbork) etwas Einmaliges. In dieser Exposition ist die Geschichte der künstlerischen

71

Bernsteinbearbeitung dargestellt. Historische Kunstwerke von Weltrang fanden hier ihren Platz. Ein Teil der Exponate sind Erzeugnisse der berühmten alten Manufakturen in Königsberg und Danzig.

Ähnlich wie im Museum der Marienburg sind im Grünen Gewölbe der Staatlichen Kunstsammlungen Dresden und im Germanischen Nationalmuseum Nürnberg einige der schönsten überhaupt erhaltenen Bernsteinarbeiten zu sehen – meterhohe Kabinettschränke mit Bernsteininkrustierung und reichen Schnitzereien.

Im Regionalmuseum Lomza der nordostpolnischen Kurpie-Region werden dem Besucher volkstümliche Methoden der Bernsteingewinnung und -verarbeitung in dieser bernsteinreichen Gegend vorgeführt. Man zeigt originelle Geräte zum Graben und Schöpfen, Drechselbänke für Bernsteinperlen und besonders reizvolle Arbeiten der Volkskunst.

»Bernstein in der Natur« – Blick in die Ausstellung im Museum der Erde in Warschau

Amulette aus Bernstein – heutige Arbeiten nordamerikanischer Pueblo-Indianer (Museum der Erde, Warschau)

Im Museum der Erde der Polnischen Akademie der Wissenschaften in Warschau, an dem intensiv Bernsteinforschung betrieben wird, gibt es die Ausstellung »Bernstein in der Natur«. Hier vermittelt man hauptsächlich Kenntnisse über den Baltischen Bernstein, dessen Entstehung, Lagerstätten, Eigenschaften und Inklusen. Eine Sonderausstellung dieser Einrichtung wurde. schon in vielen Ländern Westeuropas gezeigt.

Das deutsche Bernsteinmuseum Ribnitz-Damgarten, nahe dem Bernsteinfundgebiet an der mecklenburgisch-vorpommerschen Küste von Fischland und Darß, entstand aus einem kleinen Heimatmuseum. Eine regelrechte Eskalation der Besucherzahlen, bedingt durch das große Interesse am »Gold des Meeres«, machten Erweiterungen und schließlich eine völlige Neugestaltung der Ausstellungen in einem wesentlich größeren Gebäude des ehemaligen Ribnitzer Klarissinnen-Klosters notwendig. Dort gibt es inzwi-

Moderner Bernsteinschmuck der polnischen Bernsteinkünstlerin LEWICKA-WALA (Museum der Erde Warschau)

schen sowohl eine naturwissenschaftliche als auch eine kulturhistorische und eine handwerkliche Abteilung. Der in Ribnitz-Damgarten ansässige Bernsteinbetrieb richtete einen Arbeitsplatz ein, sodaß die Besucher bei der Bernsteinbearbeitung zusehen können.

Andere reizvolle kleine Bernsteinausstellungen zeigen beispielsweise das Ravhuset Kopenhagen, das Stadtmuseum Esbjerg/Dänemark und das Bärnstens Museet Kämpinge, unweit von Trelleborg/Schweden.

Im Museum für Naturkunde Berlin befindet sich eines der größten bekannten Bernsteinstücke (9.750 Gramm). Dort besitzt man auch eine der umfangreichsten

"Bückeburger Brautketten"- schwere Bernsteinketten mit silbernen Schließen und Perlenstickerei

älteren Kollektionen von Einschlüssen im Baltischen Bernstein und die größte Sammlung von Inklusen im Bitterfelder Bernstein. Diesem ist auch eine Ausstellung im Geiseltalmuseum Halle/Saale gewidmet.

Über die bedeutendste deutsche Sammlung von Naturbernstein verfügt das Staatliche Museum für Naturkunde Stuttgart. Dort tätige Wissenschaftler beschäftigen sich u.a. intensiv mit der Inklusenforschung. Das angeschlossene Museum am Löwentor zeigt seit einigen Jahren das Bernsteinkabinett – eine inzwischen weltbekannte Ausstellung besonders großer, interessanter und seltener Bernsteinstücke von allen Kontinenten, spektakulärer Inklusen sowie zahlreicher anderer Bernsteinraritäten.

Bernsteinfunde und kulturhistorisch interessante Bernsteingegenstände entdeckt man außerdem in vielen anderen Museen und Heimatstuben, besonders in den Städten und Badeorten an der Ost- und Nordsee.

Mach es selbst!

Bernstein in den Museen zu bestaunen, ist sicher sehr reizvoll. Die prachtvollen Schmuckstücke in den Auslagen von Juwelier- und Kunstgewerbeläden sind sogar käuflich zu erwerben. Doch manche Strandwanderer, die nicht nur fleißig nach Bernstein suchen, sondern ab und zu sogar welchen finden, möchten ihn gern selbst verarbeiten. Das ist bei Bernstein problemlos möglich. Voraussetzung dafür sind aber Stücke entsprechender Größe. Winzige Krümel, wie sie oft mit viel Ausdauer und Mühe in stattlicher Zahl aufgesammelt werden, lassen sich nicht bearbeiten. Sie kommen am besten in einem Glas oder zwischen zwei Glasscheiben in einem Holzrahmen zur Geltung. Etwas größere

Exemplare (in entsprechender Menge) ergeben, durchbohrt und auf Angelsehne gefädelt, eine Kette aus Natursteinen. Gebohrt wird sehr vorsichtig. Am besten eignet sich dazu ein millimeterstarker Spiralbohrer, eingespannt in eine feststehende elektrische Handbohrmaschine mit nicht zu hoher Drehzahl. Man führt das zwischen den Fingerspitzen festgehaltene Stück mit leichtem, gleichmäßigem Druck gegen den Bohrer. Es läßt sich kaum vermeiden, daß einige Stücke zerspringen.

Am Strande gesammelter Rohbernstein verliert beim Trocknen seinen schönen Glanz. Es genügt ein Hauch von Möbelwachs, mit einem Läppchen oder mit den Fingerspitzen verrieben, um ihm diesen auf Dauer zurückzugeben. Durch seine geringe Härte läßt sich Bernstein recht einfach sägen, schleifen und polieren. Zum Schleifen eignet sich am besten wasserfestes Schleifpapier unterschiedlicher Körnung. Arbeitet man mit geringer Wasserzugabe, kann der unangenehme Schleifstaub vermieden werden. Auf Schleifpapier grober bis mittlerer Körnung gibt man dem Stück die gewünschte Form. Beim Wechsel auf das nächstfeinere Schleifpapier und vor der Politur muß der Stein, um Kratzer zu vermeiden, gründlich abgespült werden. Nach dem Feinschliff wird poliert. Das geschieht auf einem angefeuchteten weichen Lappen, den man mit einem Brei aus Schlämmkreide und Propanol bestreicht. Zahncreme tut es auch. Mit einem Fensterleder wird ganz zum Schluß nachpoliert. Auf diese Weise erhält der Bernstein den wundervollen, warmen Glanz, der ihm Beinamen eintrug wie »Gold des Nordens« oder eben »Gold des Meeres«.

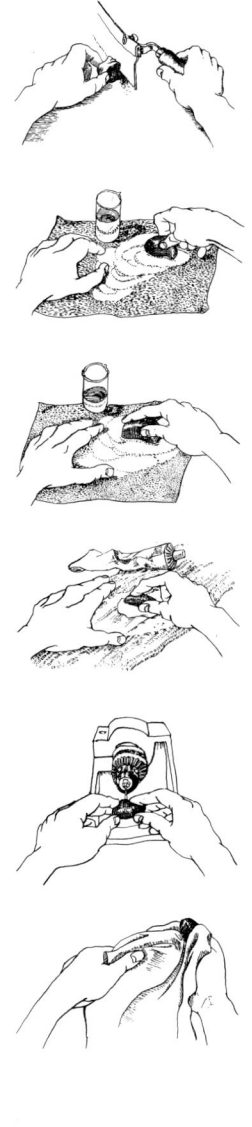

Bernstein selbst bearbeitet, von oben nach unten sind dargestellt: Sägen, Grobschliff, Feinschliff, Politur, Bohren, Nachpolitur

Literatur

(Auswahl)

ANDREE, K.: Der Bernstein deutung in Natur- und Geist Kunst und Kunstgewerbe, Te strie und Handel. Königsber

GRABOWSKA, J.: Polnischer E Warschau 1982

KATINAS, W.: Bernstein und stätten an der südlichen Osts sisch). Vilnius 1971

KOSMOWSKA-CERANOWICZ, E Bernsteins – Katalog zur Aus Museums der Erde Warschau land 1991/92

Krumbiegel, B. & G.: Bernste Harze aus aller Welt. Sonder Zeitschrift "Fossilien", Golds Verlag. Weinstadt 1994

SCHLEE, D. U. W. GLÖCKNER: Bernsteine und Bernstein-Fos Stuttgarter Beiträge zur Natu C, Heft 8. Stuttgart 1978

SCHLEE, D.: Bernstein-Rarität Strukturen, Fossilien, Handw 1980

SCHLEE, D.: Das Bernstein-Ka gleitheft zur Bernsteinausstell seum am Löwentor. Stuttgart

SCHLÜTER, TH.: Die Fossilfalle gegenwärtige Erforschungssta Naturwissenschaftliche Runds 10. Stuttgart 1976

WERMUSCH, G.: Die Bernstein Saga.- Ch. Links Verlag. Berli

Bibliographische Information Der Deutschen Bibliothek Die Deutsche Bibliothek verzeichnet diese Publikation in der Deutschen Nationalbibliographie; detaillierte bibliographische Daten sind im Internet über http//dnd.ddb.de abrufbar.

© Hinstorff Verlag GmbH, Rostock 2003 Lagerstraße 7 18055 Rostock Tel. 03 81 / 49 69-0 Internet: http://www.hinstorff.de

7. Auflage 2003

Herstellung: Hinstorff Verlag GmbH Printed in Germany ISBN 3-356-00642-8

Exemplare (in entsprechender Menge) ergeben, durchbohrt und auf Angelsehne gefädelt, eine Kette aus Natursteinen. Gebohrt wird sehr vorsichtig. Am besten eignet sich dazu ein millimeterstarker Spiralbohrer, eingespannt in eine feststehende elektrische Handbohrmaschine mit nicht zu hoher Drehzahl. Man führt das zwischen den Fingerspitzen festgehaltene Stück mit leichtem, gleichmäßigem Druck gegen den Bohrer. Es läßt sich kaum vermeiden, daß einige Stücke zerspringen.

Am Strande gesammelter Rohbernstein verliert beim Trocknen seinen schönen Glanz. Es genügt ein Hauch von Möbelwachs, mit einem Läppchen oder mit den Fingerspitzen verrieben, um ihm diesen auf Dauer zurückzugeben. Durch seine geringe Härte läßt sich Bernstein recht einfach sägen, schleifen und polieren. Zum Schleifen eignet sich am besten wasserfestes Schleifpapier unterschiedlicher Körnung. Arbeitet man mit geringer Wasserzugabe, kann der unangenehme Schleifstaub vermieden werden. Auf Schleifpapier grober bis mittlerer Körnung gibt man dem Stück die gewünschte Form. Beim Wechsel auf das nächstfeinere Schleifpapier und vor der Politur muß der Stein, um Kratzer zu vermeiden, gründlich abgespült werden. Nach dem Feinschliff wird poliert. Das geschieht auf einem angefeuchteten weichen ‑Lappen, den man mit einem Brei aus Schlämmkreide und Propanol bestreicht. Zahncreme tut es auch. Mit einem Fensterleder wird ganz zum Schluß nachpoliert. Auf diese Weise erhält der Bernstein den wundervollen, warmen Glanz, der ihm Beinamen eintrug wie »Gold des Nordens« oder eben »Gold des Meeres«.

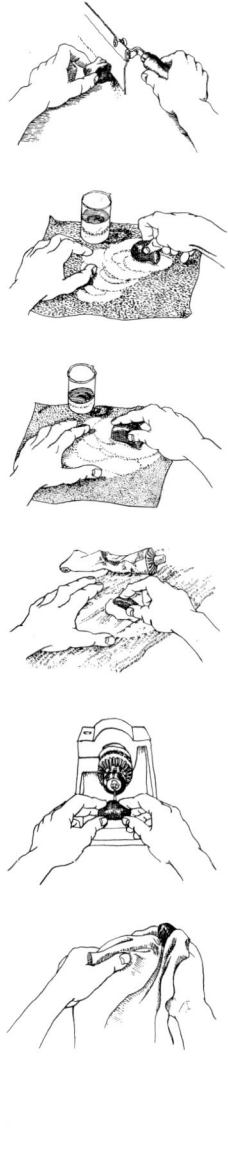

Bernstein selbst bearbeitet, von oben nach unten sind dargestellt: Sägen, Grobschliff, Feinschliff, Politur, Bohren, Nachpolitur

Literatur

(Auswahl)

ANDREE, K.: Der Bernstein und seine Bedeutung in Natur- und Geisteswissenschaft, Kunst und Kunstgewerbe, Technik, Industrie und Handel. Königsberg 1937

GRABOWSKA, J.: Polnischer Bernstein. Warschau 1982

KATINAS, W.: Bernstein und Bernsteinlagerstätten an der südlichen Ostseeküste (russisch). Vilnius 1971

KOSMOWSKA-CERANOWICZ, B.: Spuren des Bernsteins – Katalog zur Ausstellung des Museums der Erde Warschau in Deutschland 1991/92

Krumbiegel, B. & G.: Bernstein – fossile Harze aus aller Welt. Sonderband 7 der Zeitschrift "Fossilien", Goldschneck-Verlag. Weinstadt 1994

SCHLEE, D. U. W. GLÖCKNER: Bernstein, Bernsteine und Bernstein-Fossilien. Stuttgarter Beiträge zur Naturkunde, Serie C, Heft 8. Stuttgart 1978

SCHLEE, D.: Bernstein-Raritäten. Farben, Strukturen, Fossilien, Handwerk. Stuttgart 1980

SCHLEE, D.: Das Bernstein-Kabinett.- Begleitheft zur Bernsteinausstellung im Museum am Löwentor. Stuttgart 1990

SCHLÜTER, TH.: Die Fossilfalle Harz – der gegenwärtige Erforschungsstand. In: Naturwissenschaftliche Rundschau, 29, H. 10. Stuttgart 1976

WERMUSCH, G.: Die Bernsteinzimmer-Saga.- Ch. Links Verlag. Berlin 1991

Bibliographische Information Der Deutschen Bibliothek Die Deutsche Bibliothek verzeichnet diese Publikation in der Deutschen Nationalbibliographie; detaillierte bibliographische Daten sind im Internet über http//dnd.ddb.de abrufbar.

© Hinstorff Verlag GmbH, Rostock 2003
Lagerstraße 7
18055 Rostock
Tel. 03 81 / 49 69-0
Internet:
http://www.hinstorff.de

7. Auflage 2003

Herstellung:
Hinstorff Verlag GmbH
Printed in Germany
ISBN 3-356-00642-8